服务供给侧结构性改革的国土资源事业新发展

——国土资源经济形势分析与展望2017

中 国 国 土 资 源 经 济 研 究 院
国土资源部资源环境承载力评价重点实验室 编著

地 质 出 版 社
·北 京·

图书在版编目（CIP）数据

服务供给侧结构性改革的国土资源事业新发展：国土资源经济形势分析与展望.2017 / 中国国土资源经济研究院，国土资源部资源环境承载力评价重点实验室编著.—北京：地质出版社，2017.3

ISBN 978-7-116-09928-9

Ⅰ.①服… Ⅱ.①中… ②国… Ⅲ.①国土资源－体制改革－研究－中国－2017 Ⅳ.①F129.9

中国版本图书馆CIP数据核字(2017)第064581号

Fuwu Gongjice Jiegou xing Gaige de Guotu Ziyuan Shiye Xin Fazhan: Guotu Ziyuan Jingji Xingshi Fenxi yu Zhanwang 2017

责任编辑：赵　芳
责任校对：王洪强
出版发行：地质出版社
社址邮编：北京市海淀区学院路31号，100083
咨询电话：(010) 66554649 (邮购部)；(010) 66554613 (编辑部)
网　　址：http://www.gph.com.cn
传　　真：(010) 66554607
印　　刷：北京地大彩印有限公司
开　　本：787mm×1092mm　1/16
印　　张：9.75
字　　数：250千字
版　　次：2017年3月北京第1版
印　　次：2017年3月北京第1次印刷
定　　价：98.00元
书　　号：ISBN 978-7-116-09928-9

服务供给侧结构性改革的国土资源事业新发展

——国土资源经济形势分析与展望2017

编　委　会

牢牢把握三大职能定位　积极服务国家发展大局 国土资源工作"十三五"实现良好开局

——国土资源经济形势分析与展望2017

（代前言）

2016年是"十三五"的开局之年，也是供给侧结构性改革攻坚之年。一年来，中央坚持稳中求进的工作总基调，坚持稳增长、促改革、调结构、惠民生、防风险，实行宏观政策要稳、产业政策要准、微观政策要活、改革政策要实、社会政策要托底的总体思路，统筹推进"五位一体"总体布局，协调推进"四个全面"战略布局，着力加强结构性改革，坚持去产能、去库存、去杠杆、降成本、补短板，实现"十三五"时期经济社会发展的良好开局。宏观经济运行在合理区间，经济增长速度缓中趋稳、稳中向好，增速保持在6.7%；工业生产总体上保持平稳，"三去一降一补"成效不断显现；产业结构持续优化，第三产业增加值占经济总量比例达52.8%，创新创业蓬勃发展；物价水平保持在低位，PPI降幅持续收窄；外贸形势现积极变化，出口增速由负转正，进口增速创两年新高。

宏观经济细微的、积极的边际变化给国土资源经济形势回暖带来积极影响。全国国有建设用地供应总量保持稳定，土地出让平均价格上涨，1—10月土地出让合同价款同比增长21.3%，房地产开发景气指数连续保持上涨态势。我国矿业行业指数出现不同程度回升，显示出明显而坚决的翘尾态势，除氧化铝外，其他主要矿产品进口量均呈增长态势，主要矿产品价格在相对底部基础上整体回升，国内股市矿业板块全年呈上扬趋势，总市值同比增长14.4%。全球地质勘查活动指数震荡上扬，重要钻探公告数量增加，新增资源公告数量同比增长。

回顾2016年，国土资源管理认真落实习近平总书记、李克强总理对国土资源工作的重要批示和讲话精神，围绕中央“五位一体”总体布局和“四个全面”战略布局，积极推进国土资源供给侧结构性改革，着力做好稳增长服务保障，认真履行三大职能定位，全力服务国家发展大局，实现了国土资源工作“十三五”时期的良好开局。

——全力服务国家发展大局。服务供给侧结构性改革。严控供给闸门，全面服务去产能，新增产能的钢铁、煤炭项目不再受理用地预审；严控城市新增建设用地规模，以土地政策调控市场预期，助力房地产去库存；继续实施稀土、钨优势矿产资源总量调控。服务稳增长大局。改进建设用地审查报批，修改完善用地审批政策，着力保障稳增长项目及时落地；制定出台一系列产业用地政策，印发《产业用地政策实施工作指引》，想方设法降低实体经济企业用地成本；出台新型城镇化支持政策，建立“人地挂钩”机制。服务经济转型升级。改革国土资源政策供给，创新光伏发电、自驾车旅居车营地、养老服务、城市停车场等用地政策，力促转型发展新经济；深入推进简政放权，坚持放管结合、优化服务，主动作为补短板。

——切实履行三大职责定位。尽职尽责保护国土资源。维护国家粮食安全，推进耕地数量、质量、生态“三位一体”保护，划定永久基本农田，加强土地整治和土地督察，耕地保有量稳定在规划确定的18.65亿亩红线目标上；维护国家资源安全，深入推进找矿突破战略行动，取得贵州遵义安页1井等一系列重大突破，推进矿产资源保护与储备地划定。节约集约利用国土资源。推进土地节约集约利用，500多家国家级开发区和2500多家省级开发区完成审核清理，556个城市完成节地初始评价；全面加强矿产资源节约与高效利用，累计制定33个矿种的“三率”指标，建设40个矿产资源综合利用示范基地。尽心尽力维护群众权益。深化国土资源精准扶贫，专项安排国家扶贫重点县每县用地指标600亩；做好600多万套保障性安居工程用地；加强地质灾害防治能力建设，切实维护人民群众生命财产安全。

——全面树立新的发展理念。坚持创新发展，全面落实中央全面深化改革总体目标，促进自然资源管理体制机制不断完善，实施“三深一土”国土资源科技创新战略。坚持协调发展，统筹规划引领，协调推进自然资源生态空间管控，国土空间开发格局持续优化。坚持绿色发展，完成661家国家级绿色矿山试点建设任务，确立绿色勘查理念，努力构建矿山地质环境保护与治理新机制。坚持开放发展，积极服务“一带一路”国家战略，资源国际合作勘查开发取得新进展，矿业行业交流持续扩大，9名中国地学专家担任国际地学组织领导职务。坚持共享发展，持续深入推进国土资源惠民利民，完善资源开发收益共享机制；推进不动产统一登记，维护群众产权权益；试点农村集体经营性建设用地入市，保障农民公平分享土地增值收益。

——努力打造忠诚、干净、担当的干部队伍。深入学习领会和贯彻落实习近平总书记系列重要讲话精神，按照从严治党、“坚持不忘初心、继续前进”的要求，以“四个意识”推进全面从严治党，推动国土资源事业发展。深入开展“两学一做”学习教育，加强学习教育的组织、督导和宣传，不断坚定理想信念，打造忠诚、干净、担当的干部队伍。系统开展“能力建设年”活动，国土资源系统干部“懂全局、管本行，抓重点、破难题，抓落实、求实效，崇廉洁、拒腐蚀”的能力有了显著提升。

当前，我国的资源基本国情没有变，资源供求矛盾更加突出；资源对经济社会发展的关键支撑作用没有变，资源在生态文明建设中的地位更加重要；资源与环境约束趋紧的总体态势没有变，约束趋紧更加严峻。

2017年是实施“十三五”规划的重要一年，是供给侧结构性改革的深化之年。从国际看，受美国、欧洲、日本等发达市场经济国家相继拒绝承认中国市场经济地位等因素的影响，外贸拉动经济的动能受到挑战。从国内看，我国经济仍面临结构性失衡、增长动力不足、金融风险加大和区域发展不平衡等问题。预计2017年重工业将继续去产能，将有更多“僵尸企业”

被关闭，坏账处理将加快，同时伴随着一些深层次的矛盾和问题，宏观经济运行仍面临严峻的挑战和不利因素。但经济形势总体趋稳，结构调整将取得重要进展，客观上也存在着重大机遇和有利条件，稳中求进依然是我国经济工作的总基调。

2017年，国土资源管理应继续坚持稳中求进的工作总基调，既保持战略定力，又坚持稳中有为。坚持“稳”的底线，以党的十八大和十八届三中、四中、五中、六中全会精神为指导，贯彻落实中央经济工作会议和农村工作会议部署，围绕统筹推进“五位一体”总体布局和协调推进“四个全面”战略布局，坚持稳中求进总基调，牢固树立和贯彻落实新发展理念，适应把握引领经济发展新常态，坚持以供给侧结构性改革为主线，坚持尽职尽责保护国土资源、节约集约利用国土资源、尽心尽力维护群众权益。增强“进”的意识。一是坚持有保有压，找准稳增长与调结构的平衡点，推动供给侧结构性改革取得实质性进展；二是严守耕地红线，推进“藏粮于地”战略落地，促进耕地数量、质量、生态“三位一体”管护；三是全面落实生态文明建设总体要求和资源节约优先战略，以资源利用方式转变推进经济发展方式转变；四是以维护群众权益为出发点和落脚点，助力精准扶贫精准脱贫，构建国土资源共建共治共享模式；五是坚持稳中求进总基调，加快推进基础性关键性改革，不断激发国土资源事业发展新活力；六是面向国家重大需求，全力实施“三深一土”科技创新战略，推动国土资源科技创新跨越发展；七是深入推进法治国土建设，加强立法规范、执法强化监督，不断健全国土资源法治体系；八是持续加强能力建设，夯实国土资源管理基础，全面落实各项制度与责任，全力推进国土资源事业再上新台阶，以优异成绩迎接党的十九大胜利召开。

中国国土资源经济研究院
国土资源形势分析研究组

2017年1月

目录

Contents

牢牢把握三大职能定位 积极服务国家发展大局 国土资源工作“十三五”实现良好开局（代前言）

上篇 2016年国土资源工作盘点

一、适应把握引领新常态，以供给侧结构性改革为主线，稳中求进推进国土资源事业改革发展…… 3

【盘点1】国土资源管理放管服并举，服务稳增长降成本……3

【盘点2】国土资源要素保障作用有效发挥，助推调结构补短板……6

【盘点3】国土资源管理创新调控手段，倒逼转型去产能去库存去杠杆……8

二、全面推进“十三五”分工任务，坚持规划统筹引领，实现国土资源工作良好开局……11

【盘点1】强化规划编制实施，绘就国土资源改革发展蓝图…… 11

【盘点2】优化资源开发利用格局，服务经济社会发展大局…… 14

【盘点3】全面推动空间规划体系改革，夯实生态文明建设基础…… 17

三、像保护大熊猫一样保护耕地，推进耕地数量、质量、生态“三位一体”保护，提高土地产出率……19

【盘点1】全面划定永久基本农田，牢牢守住基本农田红线…… 19

【盘点2】坚持最严格的耕地保护制度，提高粮食综合生产能力…… 20

【盘点3】以土地整治为平台推进高标准农田建设，夯实农业发展物质基础… 21

四、统筹推进找矿突破战略行动，全力保障能源资源安全，支撑服务国家重大战略需求……23

【盘点1】精心组织找矿突破战略行动，提升能源资源安全保障…… 23

【盘点2】科学调整公益性地质工作结构，充分发挥基础性作用…… 25

【盘点3】推进油气勘查开采改革，有效发挥市场在资源配置中的决定性作用… 26

五、深入推进资源节约集约利用，激励约束机制日趋完善，资源节约集约利用水平持续提高…………………………………………………………28

【盘点1】节约集约模范县（市）创建工作成效显著，节约集约示范省建设力度加大 ……………………………………………………………… 28

【盘点2】建设用地总量与强度双控，全面提升土地节约集约利用水平 ……… 28

【盘点3】加强矿产资源节约与高效利用，不断提升矿产资源“三率”水平… 31

六、统筹推进国土资源领域改革，建立健全自然资源资产管理体制机制，构筑重点领域改革的四梁八柱…………………………………………33

【盘点1】全面推进自然资源管理制度改革，细化落实生态文明体制改革顶层设计 ……………………………………………………………… 33

【盘点2】不动产统一登记制度全面落地实施，切实保障人民群众基础产权权益 ……………………………………………………………… 33

【盘点3】积极稳妥推进农村土地制度改革，赋予农民更加充分的财产权利 … 34

【盘点4】创新矿产资源有偿使用制度，全面保障资源安全和国家所有者权益… 36

七、加强地质灾害防治和地质环境保护，提升保护利用水平，地质资源保护再上新台阶…………………………………………………………38

【盘点1】加强地质灾害防治能力建设，切实维护人民群众生命财产安全 …… 38

【盘点2】深化矿山地质环境恢复和综合治理，建设绿水青山 ………………… 40

【盘点3】强化地下水监测和地面沉降防治，加强地质遗迹资源管理 ………… 40

八、深入推进法治国土建设，推进重点领域立法修法，切实提升国土资源执法和用法能力…………………………………………………43

【盘点1】集中开展规范性文件清理，积极推动国土资源立法 ………………… 43

【盘点2】统筹推进国土资源依法行政，国土资源执法监察效能不断提高 …… 44

【盘点3】创新督察方式和手段，国家土地督察取得新成效 …………………… 45

九、坚持发展为了人民依靠人民，持续深入推进国土资源精准扶贫和惠民利民，使人民群众有更多的获得感…………………………………46

【盘点1】优化用地管理，释放精准扶贫土地红利 ……………………………… 46

【盘点2】充分发挥农村集体土地效益，增加农民财产性收益 …………………… 47

【盘点3】改革国土资源开发精准扶贫机制，全力支持脱贫攻坚 ………………… 47

十、加强科技创新与国际合作，拓展国土资源合作发展新空间，全面服务“一带一路”建设 ……………………………………………………………………… 49

【盘点1】大力推进国土资源科技创新，充分发挥创新驱动作用 ……………… 49

【盘点2】助推“一带一路”建设，资源勘查开发国际合作取得新进展……… 51

【盘点3】矿业行业交流持续扩大，向世界传递中国好声音 …………………… 52

十一、夯实基础，加强土地调查监测和地质矿产调查评价，国土资源信息化建设成效显著 ………………………………………………………………………… 54

【盘点1】土地调查监测能力不断提升，土地变更心中有数 …………………… 54

【盘点2】地质矿产调查评价能力增强，基础保障水平提升 …………………… 55

【盘点3】大数据建设成效突出，国土资源逐步迈向精细化管理 ……………… 55

十二、创新推进海洋测绘事业发展，构建海洋开放发展新局面，战略谋划引领测绘事业科学新发展 ……………………………………………………… 57

【盘点1】关心海洋、认识海洋、经略海洋，构建海洋开放发展新局面 ……… 57

【盘点2】思想观念与时俱进，战略谋划引领测绘事业科学发展 ……………… 58

中篇 当前国土资源经济形势分析

一、宏观经济形势……………………………………………………………………… 63

【1】 全球经济增长疲弱，缺乏强劲增长动力 ………………………………… 63

【2】 我国经济增长缓中趋稳，稳中向好 ……………………………………… 64

【3】 国内工业生产总体平稳，固定资产投资增速回落 ……………………… 66

【4】 金融改革步伐加快，外贸形势有所改善 ………………………………… 67

【5】 CPI 涨幅保持低位，PPI 降幅持续收窄 ………………………………… 68

二、土地经济形势……………………………………………………………………… 70

【1】 建设用地供应量同比小幅下降，10 月开始呈现回升迹象……………… 70

【2】 土地市场升温迹象明显，土地出让价款同比增长超两成 …………………… 72
【3】 土地整治项目规模同比增长近一倍，新增耕地6.14万公顷 …………………… 73
【4】 违法用地同比下降超两成，四季度呈反弹迹象 …………………… 73
【5】 房地产经济持续增长，市场调控力度不断加大 …………………… 74

三、矿产资源经济形势 …………………… 78

【1】 矿产资源监测指数出现回升，显示出明显而坚决的翘尾态势 …………………… 78
【2】 天然气、有色金属产量增长，原煤、原油、铁矿石产量下降 …………………… 79
【3】 除氧化铝外，其他主要矿产品进口量均呈增长态势 …………………… 82
【4】 除铜金属、稀土产品外，其他主要矿产品价格在相对底部基础上整体回升 …………………… 85
【5】 采矿业固定资产投资下滑明显，分行业固定资产投资变化趋势趋同 …… 90
【6】 国内股市矿业板块总市值增长，矿业股股价分化趋势明显 …………………… 91
【7】 资源税收入下降，但资源税改革成效初步显现 …………………… 93

四、地勘经济形势 …………………… 94

【1】 全球地勘活动指数起底回暖，显振荡上扬趋势 …………………… 94
【2】 全国非油气地质勘查投入继续下行，社会资金减少 …………………… 97
【3】 我国地勘经济发展面临转型升级，市场和资金为主要影响因素 ………… 99
【4】 地勘人员出现结构性过剩，地勘工作"走出去"机遇面临较大挑战 ……100

下篇 2017年展望与建议

一、准确把握当前国土资源工作的基本要求 …………………… 105

【1】 把握好稳中求进工作总基调这一重要原则 …………………… 105
【2】 把握好深化供给侧结构性改革这条主线 …………………… 105
【3】 把握好实施一系列"组合拳"的政策思路 …………………… 107

二、扎实做好2017年国土资源工作 …………………… 108

【1】 坚持有保有压，找准稳增长与调结构的平衡点，推动供给侧结构性改革取得实质进展 …………………… 108

【2】 严守耕地红线，推进“藏粮于地”战略落地，促进耕地数量、质量、生态“三位一体”管护 ……109
【3】 推进国土空间规划体系改革，落实资源节约优先战略，推动生态文明建设在资源领域落地 ……110
【4】 以维护群众利益为出发点和落脚点，助力精准扶贫精准脱贫，构建国土资源共建共治共享模式 ……111
【5】 坚持稳中求进总基调，加快推进基础性关键性改革，不断激发国土资源事业发展新活力 ……112
【6】 推进创新国土建设，全力实施“三深一土”科技创新战略，推动国土资源科技创新跨越发展 ……113
【7】 深入推进法治国土建设，加强立法、规范执法、强化监督，不断健全国土资源法治体系 ……114
【8】 持续加强能力建设，全面落实各项制度与责任，全力推进国土资源事业再上新台阶 ……115

专题篇 国土资源经济专题研究

专题一 2016年国土资源领域热点调查与分析 ……119
一、国土资源热点调查 ……119
二、国土资源热点分析评述 ……120
三、思考与建议 ……127
专题二 2016年地方国土资源管理改革探索评述 ……129
一、广东深圳：高度城市化地区土地集约利用有效途径 ……129
二、广西桂林：不断走向完善的留地安置政策 ……131
三、浙江义乌：农民住房财产权抵押贷款试点先行者 ……133
四、四川巴中：国土资源管理政策助推精准扶贫 ……135
参考文献 ……138
后 记 ……139

上篇

2016年国土资源工作盘点

2016年，习近平总书记对“向地球深部进军”和中国地质博物馆建馆100周年做重要指示，国土资源工作积极适应新常态、把握新常态、引领新常态，以供给侧结构性改革为主线，坚持五大发展理念，坚持全面从严治党，以懂全局、管本行的视野，推进“十三五”国土资源工作实现良好开局。

以国土资源供给侧结构性改革服务国家发展大局。贯彻落实中央要求，多措并举完成中央宏观调控重点任务，保障经济社会稳定健康发展；严控供给闸门，倒逼产能，以土地政策调控市场预期，助力房地产去库存、去杠杆；改革国土资源供给结构，力促转型发展新经济，促进产业结构优化升级；深入推进简政放权，为企业发展降成本，坚持放管结合、优化服务，主动作为补短板。

以五大新发展理念履行三大职责定位。坚持创新发展，深入落实中央全面深化改革总体目标，实施“三深一土”科技创新发展战略；坚持协调发展，优化国土空间开发格局，协调推进自然资源生态空间管控；坚持绿色发展，全面节约和高效利用资源，推进耕地数量、质量、生态“三位一体”保护；坚持开放发展，加强资源国际合作和交流，全面服务“一带一路”建设；坚持共享发展，持续推进国土资源精准扶贫和资源惠民利民。

以“四个意识”打造忠诚、干净、担当的干部队伍。深入学习习近平总书记系列重要讲话精神，按照全面从严治党要求不断加强干部队伍建设；深入部署开展“两学一做”学习教育，按照“坚持不忘初心、继续前进”的要求，不断坚定理想信念；系统开展“能力建设年”活动，提升系统干部“四种能力”效果显著。

一、适应把握引领新常态，以供给侧结构性改革为主线，稳中求进推进国土资源事业改革发展

【盘点 1】国土资源管理放管服并举，服务稳增长降成本

政策保障服务稳增长。制定出台支持产业发展用地政策，保障用地需求。国土资源部办公厅印发《产业用地政策实施工作指引》（国土资厅发〔2016〕38 号），系统梳理了近 60 项现行各项支持产业发展的用地政策，详细解释了各种政策工具及其法律依据、概念内涵、适用情形、注意事项等，为产业用地提供了“政策工具包”和使用说明书。《产业用地政策实施工作指引》还提出了改进国土资源主管部门工作方式和工作作风的具体要求。配套产业用地政策是国土资源主管部门认识、适应、引领新常态的主动作为，是推动大众创业、万众创新的重要动力，是深入推进供给侧结构性改革的重大举措。

《产业用地政策实施工作指引》媒体解读

- 在各种类型用地中，产业用地被视为拥有巨大空间的一块富矿。这其中的一个重要背景是，我国已实行建设用地总量和强度双控措施，将逐步减少新增建设用地。
- 新产业用地具有研发用途比例高、不同用地类型混合成分高、用地需求多元化等特征，现行部分土地供应和管理政策难以适应，且存在部分政策空白点，亟须有更好的配套土地政策，以激发新旧存增土地的活力。
- 为鼓励创新创业及各类新产业需要，国土资源部门采用差别化供地方式，各类产业用地均可采取长期租赁、先租后让、租让结合方式使用土地。

——中国经济网，2016 年 11 月 15 日

调整耕地占补平衡动态监管系统，保障重大投资项目及时落地。出台《稳增长重点建设项目以承诺方式落实耕地占补平衡管理办法》，解决重大项目耕地占补平衡难问题。各地国土资源主管部门积极推出新举措服务稳增长。江苏实现增减挂钩节余指标

省内异地转让，宿迁市转让首期1000亩[1]节余指标，由南京市建邺区、苏州市吴江区竞得；广西为保障项目建设急需用地，“旱改水”新增水田近万亩；安徽出台政策优先保障“海绵城市”[2]建设项目用地，在用地布局中统筹安排“海绵城市”建设重点工程项目。

江苏实现增减挂钩节余指标省内异地转让

- 宿迁市作为全省增减挂钩节余指标省域内转让使用试点城市，通过网上交易平台转让首期1000亩节余指标，由南京市建邺区、苏州市吴江区竞得，总成交金额5.16亿元。
- 这是该省运用增减挂钩政策助力扶贫开发的重大成果，此次转让的指标全部来自西南岗地区、成子湖周边地区、涟沭接合部三大扶贫片区。
- 转让资金将全部返还贫困地区，专项用于农民搬迁补偿安置、涉农基础设施和公共服务配套设施建设、农村土地整治、低收入农户脱贫增收、经济薄弱村集体经济发展和片区帮扶项目建设等扶贫开发。

——江苏国土资源网，2016年10月21日

降低企业用地成本。精简完善建设项目用地预审和审查报批。国土资源部办公厅下发《关于落实国家产业政策做好建设项目用地审查有关问题的通知》(国土资厅发〔2016〕33号)，修正《建设项目用地预审管理办法》和《建设用地审查报批管理办法》，大幅缩短用地预审组卷和报批的整体时间，明确先行用地的适用范围和相关要求，增强发展动能。国土资源部印发《关于改进和优化建设项目用地预审和用地审查的通知》(国土资规〔2016〕16号)，实现了建设用地审批“材料简化、时间缩短、难度降低”的目标。开辟重大项目用地预审“绿色通道”。加快铁路、水利、高速公路等重大项目用地预审，确保审批时限“零超时”。2016年以来，报国务院批准单独选址建设项目用地共计14批431件，批准用地总面积288.64万亩。2016年批准95个城市建设用地项目面积3.09万公顷，核减不合理用地3059.4公顷，其中耕地1784.7公顷。安徽实施综合性施策，降低实体经济企业成本，对安徽省政府确定的优先发展产业，按不低于相关标准的70%确定土地出让底价；对新建或暂时停产矿山，实行暂停缴存基建期或停产期内保证金的政策。浙江省宁波市试点“先租后让”，降低企业用地成本。

---

[1] 1亩≈666.67平方米。

[2] 海绵城市，是新的城市雨洪管理概念，是指城市在适应环境变化和应对雨水带来的自然灾害等方面具有良好的弹性。

降低企业用地成本，宁波市试点“先租后让”

- 在宁波市政府发布的《关于进一步降低企业成本减轻企业负担推进实体经济健康发展的意见》（简称《意见》）中，明确提出结合实际出实招，降低企业用地成本，为企业更好更快发展营造良好环境。
- 《意见》指出：在全市推行工业用地弹性出让制度，出让年限一般按30年确定，土地出让起始价可以按照0.6系数确定，也可按不同产业类型和特点，灵活确定出让年限。30年期工业用地实行“先租后让”的，前6年租金按总地价的10%确定，考核验收达标后再签订剩余年期土地出让合同并缴纳相应土地出让金。对符合市产业导向的战略性新兴产业、先进制造业、信息经济产业等工业用地项目，可按工业用地最低限价标准的70%确定土地出让起始价。各县（区）政府、各功能区管委会可根据当地产业实际，适当下调用地出让竞买保证金比例，合理确定履约保证金的征管额度和方式，免收30年期“先租后让”的工业用地履约保证金。

——浙江在线，2016年3月16日

降低矿山企业制度性成本。简化采矿权审批要件。国土资源部下发《关于安全监督管理部门意见不再作为颁发采矿许可证前置要件的通知》（国土资规〔2016〕9号），取消安全生产监管部门意见等资料作为颁发采矿许可证的前置要件。国土资源部办公厅下发《关于做好矿山地质环境保护与土地复垦方案编报有关工作的通知》（国土资规〔2016〕21号），施行矿山地质环境保护与治理恢复方案和土地复垦方案合并编报制度。山西省国土资源厅、湖北省国土资源厅先后将申请采矿许可证需提交的矿产资源开发利用方案、土地复垦方案、矿山地质环境保护与治理恢复方案进行合并，实行方案统一编制、统一评审、统一实施。降低采矿权申请要件审查费用。明确国土资源部发证采矿权的矿产资源开发利用方案审查费用由财政资金支出，按照单个项目定额、一项目一委托的方式结算。对通知印发前已由采矿权申请人支出的相关审查费用，也按实际支出返还。明确矿山地质环境保护与土地复垦方案的审查费用列入部门预算，不得再向矿山企业和编制单位收取费用。

《人民日报》：降低企业制度性交易成本

淮北矿业（集团）有限责任公司董事长王明胜代表：

- 当前，在制度性交易成本方面，还有很多对企业运营影响很大的交易成本，包括审批环节过多产生的交易成本、各种前置审批需要的交易成本、中介机构利用行政力量带给企业的交易成本等。
- 降低企业制度性交易成本，简政放权是核心。

◆ 建议进一步加快转变政府职能，最大限度地减少政府对微观经济事务的管理，把原来政府掌握的权力放给市场、交给企业；加快清理规范行政审批中介服务，按照路线图和时间表，完善各项配套政策和措施，包括行政审批部门财政经费保障、相关法规立改废等，同时加快地方政府行政审批中介服务清理规范工作，切实解决好“最后一公里”问题。

——《人民日报》，2016年3月15日

下放部分煤炭、煤层气矿业权审批权限至省级国土资源主管部门。将煤矿企业兼并重组后资源储量规模大于1亿吨（焦煤大于5000万吨）的煤炭采矿权审批权一律下放至省级国土资源主管部门。研究制定矿业权勘查、开采审批和综合管理“2+1”制度文件。按照构建矿业权管理“2+1”制度框架的要求，在贯彻落实国务院简政放权精神、整合清理已有相关文件和系统总结地方矿业权管理实践经验基础上，形成了矿业权勘查审批、开采审批和综合管理3个规范性文件送审稿。研究起草《关于进一步规范非油气矿业权申请资料的通知》，清理规范国土资源部发证矿业权的申请资料要求，明确省级国土资源主管部门出具意见内容要求。研究修订《矿业权交易规则》。促进矿业权管理精细化、标准化、公开化。

【盘点2】 国土资源要素保障作用有效发挥，助推调结构补短板

服务新产业新业态用地需求。连续出台多项支持政策，支持新产业。出台《产业用地政策实施工作指引》（国土资厅发〔2016〕38号）、《关于光伏发电用地有关事项的函》（国土资厅函〔2016〕1638号）、《关于促进自驾车旅居车旅游发展的若干意见》（旅发〔2016〕148号）、《关于进一步完善城市停车场规划建设及用地政策的通知》（建城〔2016〕193号）、《关于支持整合改造闲置社会资源发展养老服务的通知》（民发〔2016〕179号）等多部文件，积极促进新产业、新业态发展。华南地区积极出台新能源汽车用地保障政策；广西加大物流业土地政策支持力度；安徽以用地优先保障促进养老服务业健康发展；浙江鼓励利用存量房产发展生活性服务业。

安徽芜湖优先保障养老服务业发展用地

芜湖市认真贯彻落实国务院和安徽省政府发展养老服务业有关政策，以土地供给侧改革为牵引，充分保障养老服务设施用地需求，规范养老服务设施用地开发利用管理，促进了养老服务业健康发展。

2014年以来，全市共供应养老服务业用地14宗471亩。其中，城镇养老服务设施建设用地5宗155.40亩，农村养老服务设施建设用地9宗315.60亩。

——国家土地督察南京局网站，2016年10月28日

服务重点难点问题。解决住宅用地使用权到期问题。针对浙江温州当地20年住房土地使用权到期问题，国土资源部明确，采用“两不一正常”的过渡性办法处理，即不需要提出续期申请，不收取费用，正常办理交易和登记手续。涉及“土地使用期限”，仍填写该住宅建设用地使用权的原起始日期和到期日期。

媒体报道温州住房土地使用权到期问题

现行住宅土地使用年限一般为70年，但在上世纪八九十年代收取土地出让金的做法刚开始，因一些原因，温州规定最少交20年，即这类住宅的土地使用期限仅20年。

经过初步摸底、排查，温州市区土地使用年限在2017年底到期的房产有600多套；而到2019年年底，温州市区将有1700多套商品房土地使用证过期。

国土资源部方面表示，为解决这些群众当前面临的实际问题，维护其应有权益，地方在相关“法律安排”明确之前，可以采用过渡性办法处理，“不需要提出续期申请；不收取费用；正常办理交易和登记手续”。

——央广网，2016年12月24日

健全土地等级价管理体系，加强中介行业监管。继续在105个城市开展地价动态监测，部署探索建设农村土地公示地价体系，推进城市土地资源核算试点，发布《集体土地使用权评估指引》。评估全国历史遗留工矿废弃地复垦利用试点实施情况。2012年以来，全国23个试点省份已验收复垦利用历史遗留工矿废弃地规模28.62万亩，在调结构、惠民生等方面发挥了积极作用。今后放开数量限制，鼓励各地按政策规定广泛开展工作。研究修订《工矿废弃地复垦利用管理暂行办法》，切实改善矿区生产生活环境。

服务国家重大发展战略。服务京津冀协同发展战略。发布《京津冀协同发展土地利用总体规划（2015—2020年）》，以空间格局优化统领京津冀协同发展各项土地利用任务；印发《支撑服务京津冀协同发展地质调查实施方案（2016—2020）》；编制《地质调查工作支撑服务崇礼冬奥会场区和京张交通干线等重大工程规划建设》专报，为重大工程规划建设提供地质依据。服务长江经济带保护发展。召开长江经济带地质工作研讨会，围绕长江经济带绿色生态廊道打造、新型城镇化建设、立体交通走廊建设和产业转型升级等需求，12家单位共同编制了长江经济带地质调查工作实施方案，统筹开展地质环境综合调查，实现中央与地方地质工作的无缝对接。开展长江经济带和京津冀区域资源环境承载力评价。服务“一带一路”国家战略。编制完成《“一带一路”地质调查国际合作规划（2016—2030）》，合作编制“一带一路”地质矿产图集，基本完成沿线30个主要资源国家地质矿产数据库建设，推动区域协调发展。公布“一带一路”沿线国家合作成果，包括系列图集、沿线国家基础地质矿产资料7800条目，并积极提供咨询服务。大力推进海岸带地质调查。编制《中国海岸带地质调查报告》和《中国海岸带资源环境图集》，提出“陆海统筹、以陆促海、以北带南”工作方针。加大中西部和东北地区用地支持，继续做好对新疆、西藏的国土资源特殊保障服务工作。

京津冀协同发展土地利用总体规划发布

国土资源部、国家发展和改革委员会联合印发《京津冀协同发展土地利用总体规划（2015—2020年）》（简称《规划》），作为当前和今后一个时期京津冀协同发展土地利用的行动纲领。据有关专家介绍，《规划》是国家京津冀协同发展战略的重要组成部分，也是《京津冀协同发展规划纲要》的重要专项规划之一。

《规划》强调，牢固树立并切实贯彻创新、协调、绿色、开放、共享的发展理念，根据京津冀协同发展总体要求和“十三五”经济社会发展目标任务，统筹考虑土地利用现状特征、存在问题、未来需求和发展条件，遵循以资源环境承载能力为基础、以生态保护为前提、以协同配置为纲领、以耕地保护为重点、以节约集约为主线的原则，合理安排规划期内土地利用目标和任务，优化生态建设、耕地保护与城镇发展空间格局，积极推动北京非首都功能疏解，重点保障区域交通一体化、生态环境保护和产业升级转移3个重点领域率先突破的用地需求。

——国土资源部网站，2016年5月12日

【盘点3】国土资源管理创新调控手段，倒逼转型去产能去库存去杠杆

服务化解过剩产能。新增产能的钢铁、煤炭项目不再受理用地预审。为贯彻落实国务院关于化解钢铁、煤炭、石化行业过剩产能和促进煤电有序发展的决策部署，坚决遏制过剩产能行业用地，加大稳增长建设项目用地保障力度，国土资源部办公厅印发《关于落实国家产业政策做好建设项目用地审查有关问题的通知》（国土资厅发〔2016〕33号）。新增产能的钢铁、煤炭项目，一律不再受理用地预审，尿素、磷铵、电石、烧碱、聚氯乙烯、纯碱、黄磷等过剩行业新增产能，以及未纳入《石化产业规划布局方案》的新建炼化项目，一律不再受理用地预审，革命老区和集中连片贫困地区煤电项目除外。既限制新增产能，又推进矿产开发扶贫。

严格煤炭矿业权审批。国土资源部印发《关于支持钢铁煤炭行业化解过剩产能实现脱困发展的意见》（国土资规〔2016〕3号），3年内停止煤炭划定矿区范围审批，不予受理未经项目核准（产能核增）的煤炭采矿权新立和变更扩大生产规模申请；《国务院关于煤炭行业化解过剩产能实现脱困发展的意见》（国发〔2016〕7号）下发之前已经项目核准（核增）机关批准的煤矿建设项目，需完成淘汰落后产能和化解过剩产能任务，并由省级人民政府有关部门公告后，方可办理采矿权新立和变更扩大生产规模

受理审批手续，为实现煤炭去产能目标提供有力保障。

继续实施稀土、钨优势矿产资源总量调控。2016年度稀土矿、钨矿开采指标总量与2015年度持平，稀土开采指标总量为105000吨稀土氧化物，钨矿开采指标总量为91300吨钨精矿。同时，2016年度将70%以上的稀土矿开采总量控制指标直接下达到六大稀土企业集团，增强国家宏观调控能力，促进稀土产业结构优化升级。河北省明确支持企业盘活土地政策推进压减焦炭产能；辽宁省开展菱镁资源综合整治行动，整治成效明显，菱镁资源开发秩序好转；湖北省改进行政审批，落实“去产能”政策，发挥预审前置作用，不受理产能过剩行业新增项目用地预审申请，3年内停止煤炭划定矿区范围审批。

国土资源部支持钢铁煤炭行业化解过剩产能

- 牢牢把握严控新增产能的要求。从土地供应、矿业权配置等方面，严格限制违规新增产能项目落地，强化源头控制。
- 坚持简政放权、放管结合、优化服务。从下放权力、简化手续、提高效率、拓展服务等方面，调整完善现行政策，支持企业兼并重组、转型转产和搬迁改造。
- 注重政府调控和市场调节相结合，保护和调动地方与企业的积极性。预留政策空间，区分退出企业、兼并重组、转产企业，以及停建项目、在建项目、历史遗留建成项目等，为地方政府和企业主体提供分类处置方案，重点运用市场机制和经济手段，支持各地因地制宜地引导过剩产能主动退出。
- 着力引导产业转型升级与提质增效。着眼于鼓励企业转产转型，降低转产成本，减少企业退出损失，显化企业土地资源资产等，加大支持引导的政策力度。

——国土资源部网站，2016年4月14日

结合去库存促进人口城镇化。积极推动化解房地产库存。坚持分类调控、因城施策，统筹去库存和防过热、总量调控与结构调整，加强房地产用地供应调控。北京市出台“限房价 竞地价”交易细则，土地出让首次采用竞投自持面积、竞投品质方案；广州市多措并举抑制土地市场过热风险；厦门市进一步加强住宅用地调控，促进房地产市场平稳健康发展。

北京首批“限房价　竞地价”地块公布细则和限价

- 北京市推出4宗“限房价　竞地价”试点地块，市规划和国土资源管理委员会昨天发布补充公告，进一步细化试点地块的竞买规则。
- 4宗地块上所建的商品住房在销售时不得捆绑精装修，购买后5年内不得出售。
- 在限价方面，海淀区永丰产业基地的3宗地块平均销售限价为5.34万元/米^2，大兴区黄村镇的地块平均销售限价为5.58万元/米^2。

◆ 为提升刚需自住房屋的质量，此次土地出让在价格之外还首次设置了“竞投自持商品住宅面积”和“高标准商品住宅建设方案”的竞买方式。

——《北京晨报》，2016年10月29日

批准保障性安居工程用地，落实棚户区改造用地。按“计划单列、应保尽保”的原则，全年批准17个城市的保障性住房用地550.46公顷，批准18个城市的棚户区改造住房用地612.39公顷。全国落实棚户区改造用地面积2.17万公顷，提前实现棚户区改造用地应保尽保。住宅用地中“三类住房”（即保障性住房、棚户区改造住房和中小套型普通商品住房用地）用地占全部住宅用地的87.31%。做好新型城镇化用地保障。国土资源部下发了《关于进一步做好新型城镇化建设土地服务保障工作的通知》（国土资规〔2016〕4号），国土资源部、国家发展改革委等五部门联合印发了《关于建立城镇建设用地增加规模同吸纳农业转移人口落户数量挂钩机制的实施意见》（国土资发〔2016〕123号），积极做好新型城镇化建设国土资源服务保障工作，推进以人为核心的新型城镇化，服务房地产去库存。安徽省采取强化城乡建设用地空间管制、探索农村“三权”自愿有偿退出机制和落实“两挂钩一倾斜”政策三项举措，优化土地要素配置，助推新型城镇化。广西壮族自治区人民政府印发《深入推进新型城镇化建设实施方案》（桂政发〔2016〕44号），创新土地利用保障方式，支持广西新型城镇化建设。

倒逼土地储备回归服务宏观调控本职。切实规范土地储备职能和融资方式，以清理土地储备、出让过程中涉及的政府债务问题为重点，财政部、国土资源部等四部门联合发布《关于规范土地储备和资金管理等相关问题的通知》（财综〔2016〕4号），以土地储备机构及其储备行为为主要规范对象和内容，包括融资和投资，倒逼土地储备回归本职，更多服务于宏观调控。

二、全面推进“十三五”分工任务，坚持规划统筹引领，实现国土资源工作良好开局

【盘点1】强化规划编制实施，绘就国土资源改革发展蓝图

科学制定国土资源“十三五”系列规划。《全国国土规划纲要（2016—2030年）》（简称《纲要》）印发实施，奠定了国土资源主管部门在空间规划体系改革中的基础地位。《纲要》由国务院印发实施，不仅标志着自2009年开始的《纲要》编制工作圆满收官，也标志着我国空间规划体系建设取得了突破性进展。《纲要》确立了建设“安全、和谐、开放、协调、富有竞争力和可持续发展的美丽国土”的目标，以《纲要》的出台为标志，我国国土规划站在了新的历史起点上，在我国空间规划发展史上具有里程碑意义。

《全国国土规划纲要（2016—2030年）》亮点

- 首次提出推进“国土集聚开发”“国土全域保护”，构建“四区一带”国土综合整治格局，创新了空间规划方法，着力构建统一协调、衔接高效的国土空间治理基本政策架构。
- 首次提出推进“国土集聚开发”，国土空间开发的战略格局更加明晰。
- 首次提出推进“国土全域保护”，国土空间保护政策更加系统化。
- 次提出构建“四区一带”国土综合整治格局，搭建起“国土综合整治”的基本平台。
- 将资源环境承载力综合评价和空间经济分析作为规划编制基础，创新了空间规划方法。
- 以主体功能区规划为基础，以国土规划为主体，推动“多规合一”，构建功能清晰、层次分明、衔接统一、运作高效的空间规划体系框架，建设安全、和谐、开放、协调、富有竞争力和可持续发展的美丽国土。

——《中国国土资源报》，2017年2月9日

《国土资源“十三五”规划纲要》发布实施，提出国土资源事业发展的行动指南。《国土资源“十三五”规划纲要》坚持“创新、协调、绿色、开放、共享”五大发展

理念，制定了“十三五”时期我国国土资源工作的六大主要目标，明确了18项涉及土地、矿产、地质、海洋、测绘五方面的国土资源重要指标，其中约束性指标5个，预期性指标13个，提出了八大方面96项重大措施，共8章40节内容，为未来5年我国国土资源管理宏观工作绘制了清晰宏伟的蓝图，提供了重要抓手，坚定了管理自信，有力地保障国土资源管理工作有序稳定发展。

“十三五”时期我国国土资源管理八大方面重点任务

- 更新观念，提高资源利用水平。
- 加快推进资源管理制度改革与创新。
- 加强重要资源调查与勘查，提高资源保障能力。
- 加强资源保护，确保资源安全。
- 加强环境保护与治理，促进生态文明建设。
- 优化空间布局，促进协调发展。
- 加强国际交流与合作，实现共赢。
- 做好服务，维护群众权益，促进成果共享。

《国土资源“十三五”科技创新发展规划》印发，提出构建“三深一土”国土资源科技战略新格局。《国土资源“十三五”科技创新发展规划》明确了未来5年国土资源科技创新发展的总体思路、发展目标、主要任务和重大举措，提出“十三五”期间要以深地、深海、深空为主攻方向和突破口，构建向地球深部进军、向深海空间拓展和深空对地观测的“三深一土”国土资源科技创新战略，绘就我国科技创新战略蓝图，引领国土资源创新方向，开创国土资源科技创新新格局。

《国土资源“十三五”科技创新发展规划》目标、指标和主要任务

- **规划目标：**深地探测、深海探测、深空对地观测战略科技领域创新能力跻身先进国家行列，土地科技水平显著提升，科技综合管理迈出实质步伐，成为引领国土资源事业发展的重要驱动力，有力支撑“十三五”国土资源发展目标实现。
- **规划指标：**科技创新能力发展、科技创新平台基地建设、科技创新人才建设三方面共17项预期性指标。
- **主要任务：**向地球深部进军，大力推进地球深部探测，开展深部能源快速高效勘查评价，推进重要矿产资源勘查与高效利用，强化地质灾害防治和地质环境保护；向深海空间拓展，推进深海矿产资源勘查，开展海洋基础地质调查评价，强化海洋环境与极地观测研究；推进深空对地观测，构建全球地理

信息资源开发关键技术，推进国土资源卫星观测与应用体系建设，发展国土资源卫星遥感应用关键技术；大力发展土地科技，推进土地资源调查评价与空间优化开发，发展土地资源节约集约与耕地保护技术，加强土地科学与工程基础研究；提升自然资源综合管理水平，优化自然资源综合评价与管理，构建国土资源大数据与智慧国土，健全标准化与质量检测技术；构筑高水平创新平台与基地，强化国家级科技创新平台建设，优化部级科技创新平台建设，深化国际合作平台与基地建设。

《国土资源信息化“十三五”规划》印发，努力提高国土资源治理能力现代化水平。到2020年，全面建成以“国土资源云”为核心的信息技术体系，基本建成基于大数据和“互联网+”的国土资源管理决策与服务体系、以现代对地观测与信息技术集成为支撑的全覆盖全天候的国土资源调查监测及监管体系。在确保国土资源网络和信息系统安全的前提下，全面实现国土资源监管、决策与服务的网络化和智能化应用，有效支撑“三深一土”科技创新能力的提升，大幅提高国土资源治理能力现代化水平。届时，国土资源管理将实现全业务网上运行、全方位决策支持、全数据共享交换、全网上公开服务、全系统信息安全，极大地提高国土资源治理能力现代化水平。

“十三五”时期我国国土资源管理主要目标、重要指标、重要工程

六大主要目标：

- 国土资源保护更加有效；国土资源保障能力显著增强；国土资源节约集约利用水平普遍提高；国土资源服务民生和生态建设成效明显；国土资源改革创新取得实质性进展；国土资源管理水平总体提升。

18项重要指标：

- 5项约束性指标：耕地保有量18.65亿亩，基本农田保护面积15.46亿亩，高标准农田确保8亿亩、力争10亿亩，新增建设用地总量控制在3256万亩，完成基础地质调查面积290万平方千米（其中，完成1：5万区域地质调查100万平方千米，完成1：5万矿产地质调查100万平方千米，完成1：5万航空物探调查90万平方千米）。
- 13项预期性指标：单位国内生产总值建设用地使用面积降低率为20%；土地整治补充耕地5年累计2000万亩；历史遗留矿山地质环境治理恢复5年累计750万亩；历史遗留损毁土地复垦率45%；重要矿产资源新增储量5年累计：石油55亿吨、天然气3.8万亿立方米、煤层气4200亿立方米、页岩气1万亿立方米、铁矿石80亿吨、铜800万吨、铝土矿6亿吨、铅2000万吨、锌3000万吨、金3000吨、钾盐1亿吨；新发现大中型矿产地300～400处；主要矿产资源产出率提高比率15%；绿色矿业发展示范区50个；近岸海域优良水质（一、

二类水质）面积比例70%；大陆自然岸线保有率不低于35%；海洋保护区占管辖海域面积比例达5%；1：1万基础地理信息覆盖率达65%；全国卫星导航定位基准站2500个。

12项重大工程：

- 城乡土地价格调查监测与土地资产动态核算监管；农村不动产权籍调查与登记发证；国土资源综合监测；国土资源科技创新；矿产资源调查评价和保护储备；建设用地节约集约利用状况调查与评价；矿产资源节约与综合利用示范；海洋生态环境保护；土地整治；地质环境保护；土地调查监测；国土资源综合管理信息化。

【盘点2】优化资源开发利用格局，服务经济社会发展大局

《全国矿产资源规划（2016—2020年）》获国务院批复。提出了到2020年基本建立安全、稳定、经济的资源保障体系，基本形成节约高效、环境友好、矿地和谐的绿色矿业发展模式，基本建成统一开放、竞争有序、富有活力的现代矿业市场体系，显著提升矿业发展的质量和效益，塑造资源安全与矿业发展新格局的基本目标。部署了五方面任务：一是坚持创新发展，增强矿业发展新动力；二是坚持协调发展，优化矿产开发保护格局；三是坚持绿色发展，强化资源节约集约循环利用；四是坚持开放发展，促进全球矿业合作共赢；五是坚持共享发展，实现资源惠民利民。印发实施了《省级矿产资源总体规划编制技术规程》，全面推进省、市、县三级矿产资源规划编制工作。

《全国矿产资源规划（2016—2020年）》重点解决五方面问题

- 确保全面建成小康社会资源安全供应。
- 着力推进新常态下矿业经济持续健康发展。
- 加快推动勘查开发布局调整和矿业绿色发展。
- 积极促进矿业开放共享发展。
- 全面深化管理改革，增强矿业发展活力与动力。

矿产资源勘查主要指标

序号	矿种	新增查明资源储量	
		单位	2016—2020年
1	石油	亿吨	50
2	天然气	万亿立方米	3

续表

序号	矿 种	新增查明资源储量	
		单 位	2016—2020年
3	页岩气	万亿立方米	1
4	煤炭	亿吨	1000
5	煤层气	亿立方米	4200
6	铀矿	铀吨	—
7	铁矿	矿石亿吨	80
8	锰矿	矿石亿吨	9
9	铜矿	金属万吨	800
10	铝土矿	矿石亿吨	6
11	镍矿	金属万吨	80
12	铅矿	金属万吨	2000
13	锌矿	金属万吨	3000
14	钨矿	WO3（65%）万吨	100
15	锡矿	金属万吨	70
16	锑矿	金属万吨	80
17	金矿	金属吨	3000
18	锂矿	Li_2O万吨	60
19	石墨	矿物万吨	600
20	磷矿	矿石亿吨	8
21	钾盐	KCl亿吨	1

注：以上指标均为预期性指标；石油、天然气、页岩气和煤层气为新增探明地质储量。

矿产资源开发利用与保护主要指标

指 标		单 位	2020年	属性
矿产资源年开采量	原油	亿吨	2	预期性
	天然气	亿立方米	1700	
	页岩气	亿立方米	300	
	原煤	亿吨	39	
	煤层气	亿立方米	160	
	铁矿	矿石亿吨	12	
	锰矿	矿石万吨	3000	
	铜矿	金属万吨	260	

续表

指　标		单　位	2020 年	属性
矿产资源年开采量	铝土矿	矿石万吨	7300	预期性
	镍矿	金属万吨	16	
	铅矿	金属万吨	350	
	锌矿	金属万吨	625	
	钼矿	折合纯钼 45% 万吨	31	
	锑矿	金属万吨	16	
	锡矿	金属万吨	15	
	金矿	金吨	550	
	晶质石墨	矿物万吨	95	
	磷矿	矿石亿吨	1.5	
	钨矿	WO_3(65%) 万吨	12	约束性
	稀土	REO 万吨	14	
矿业转型与绿色发展	资源保护与储备地	处	28	预期性
	大中型矿山比例	%	>12	
	矿产资源产出率提高比例	%	15	
	历史遗留矿山地质环境治理恢复面积	万公顷	50	约束性

注：(1) 矿产资源产出率是指主要矿产资源实物量的单位投入所产出的经济量，其内涵是经济活动使用矿产资源的效率；矿产资源产出率 = 地区生产总值（GDP 不变价）/ 主要矿产资源消费量；主要矿产包括石油、煤炭、天然气、铁、铜、铝、铅、锌、镍、磷、石灰岩等 11 种。

(2) 煤层气指标是指煤层气（煤矿瓦斯）利用量。

战略性矿产目录（24 种）	
能源矿产	石油、天然气、页岩气、煤炭、煤层气、铀
金属矿产	铁、铬、铜、铝、金、镍、钨、锡、钼、锑、钴、锂、稀土、锆
非金属矿产	磷、钾盐、晶质石墨、萤石

《全国土地整治规划（2016—2020 年）》获国务院批复。充分调动地方政府、企业、农村集体经济组织和农民个人等各方参与土地整治的积极性，更好地助力脱贫攻坚。“十三五”期间，确保建成 4 亿亩、力争建成 6 亿亩高标准农田。部署推进《土地利用总体规划》调整完善。国土资源部会同有关部门组织开展了《全国土地利用总体规划纲要（2006—2020 年）》调整完善、研究论证与编制工作，形成了《全国土地利用总体规划纲要（2006—2020 年）调整方案》，并经国务院同意，国土资源部印发实施。对全国及各省（自治区、直辖市）耕地保有量、基本农田保护面积、建设用地总规模

等指标进行调整，并对土地利用结构和布局进行优化。到2020年，全国耕地保有量为18.65亿亩以上，基本农田保护面积为15.46亿亩以上，建设用地总规模控制在4071.93万公顷（61079万亩）之内，为全面建成小康社会提供坚实的资源保障。

《全国土地利用总体规划纲要（2006—2020年）调整方案》印发

- 《调整方案》贯彻落实创新、协调、绿色、开放、共享新发展理念，适应、把握、引领经济发展新常态，积极推进供给侧结构性改革，严守18亿亩耕地红线，维护国家粮食安全；提高土地资源节约集约利用水平，保障“十三五”时期经济社会发展用地需求；优化国土空间开发格局，积极推进生态文明建设。
- 《调整方案》坚持《全国土地利用总体规划纲要（2006—2020年）》确定的规划指导原则、规划目标和主要任务基本不变，继续实施该纲要确定的土地分区引导原则、土地整治重大工程和规划实施管理制度，仅对原纲要进行局部调整完善。

【盘点3】全面推动空间规划体系改革，夯实生态文明建设基础

《自然生态空间用途管制办法（试行）》上报国务院。明确了自然生态空间内涵和外延，提出生态、城镇、农业空间的转用规则等，为健全国土空间开发保护制度奠定基础。深化空间规划体系改革研究。研究提出构建全国统一、相互衔接、分级管理的《空间规划体系改革建议》，国家发展改革委、国土资源部等四部门联合印发《关于开展省级空间规划研究工作的通知》（发改规划〔2015〕3118号），推进省级空间规划改革试点，深化空间规划体系改革步伐加快。推进市县“多规合一”。形成市县空间规划编制指南、技术指引、图集示范、管控体系标准、应用平台建设规范等6项成果，为下一步改革奠定扎实基础。北京门头沟建立部门联审会商机制，“多规合一”试点取得阶段性成果，形成了“十三五”期间地区空间发展总体规划。持续推进资源环境承载能力评价和监测预警。印发《国土资源环境承载力评价技术要求（试行）》，在河北等7省开展土地资源环境承载能力评价和监测预警试点，为空间用途管制提供基础依据。完成《资源环境承载力评价与监测预警2016年实施方案》和《国土资源环境承载力评价技术指南（地质部分）》的编制，为生态文明绩效评价考核和责任追究制度建设提供了重要依据。国家发展改革委等9部委印发《关于加强资源环境生态红线管控的指导意见》（发改环资〔2016〕1162号），将各类经济社会活动限定在红线管控范围以内。

国土资源部：将用途管制扩大到自然生态空间

国土资源部部长姜大明在分析当前新常态下国土资源工作面临的机遇和挑战时指出，从资源环境约束看，承载力正在逼近“天花板”，严格保护和节约利用国土资源是大势所趋。“现在，许多地方资源环境承载能力已经达到或接近上限，继续实施大规模、高强度的国土资源开发活动，资源难以承载，环境难以容纳。”姜大明说，一些地方生产、生活、生态用地和矿产勘查开发布局不合理，规划管控和用途管制执行不严格，加剧了国土空间开发失衡。国土资源主管部门必须自觉回应人民群众对良好生态环境的期待，统筹国土资源开发与生态环境保护，推进国土资源的严格保护、合理利用和优化布局。

山水林田湖是一个生命共同体，对国土资源要实行全面保护。姜大明指出，要充分发挥国土规划和用途管制对生态环境的源头保护和优化国土空间开发格局的作用，提升资源环境的承载力，积极探索将土地用途管制扩大到各类自然生态空间。

——国土资源部网站，2016年1月25日

三、像保护大熊猫一样保护耕地，推进耕地数量、质量、生态“三位一体”保护，提高土地产出率

【盘点1】全面划定永久基本农田，牢牢守住基本农田红线

部署全面划定永久基本农田。李克强总理在2016年政府工作报告中强调，要全面完成永久基本农田划定并实行特殊保护，加强高标准农田建设，增加深松土地1.5亿亩。为贯彻完成这一指示精神，国土资源部、农业部在北京联合召开永久基本农田划定督导情况汇报会，要求年底全面完成永久基本农田划定工作。国土资源部办公厅、农业部办公厅联合印发《重点城市周边永久基本农田划定任务论证审核工作方案》，指导并规范城市周边永久基本农田划定任务论证审核工作。制定《城市周边永久基本农田划定情况专项督察工作方案》，对106个重点城市周边永久基本农田划定情况开展督察。发布《关于全面划定永久基本农田实行特殊保护的通知》，推进全面划定永久基本农田并实行特殊保护。啃下106个重点城市及省级永久基本农田划定“硬骨头”。率先完成106个重点城市周边永久基本农田划定任务论证审核工作，截至2016年11月30日，新划永久基本农田面积560.39万亩，划定后永久基本农田面积达到1883万亩，平均保护比例由原来的43%提高到61%。全国省级永久基本农田划定方案全部通过论证审核，1/3的地级城市、1/3的县级城市划定方案通过论证审核。督促地方加快市、县级划定方案论证审核工作。通过划定城市周边永久基本农田，优化了城乡空间格局，形成了城市开发的实体边界，将进一步倒逼节约集约用地，促进新型城镇化转型发展，对落实藏粮于地战略，稳定和提升粮食生产能力，切实保障国家粮食安全，维护农民土地权益发挥重要作用。

国家标准《高标准农田建设评价规范》发布。继《高标准农田建设通则》（GB/T 30600—2014）发布实施后，我国高标准农田建设领域的另一项国家标准《高标准农田建设评价规范》（GB/T 33130—2016）于10月13日发布，为高标准农田建设“评什么、怎么评”提供了统一的评价尺度和方法。《高标准农田建设评价规范》规定了高标准农田建设评价的目的、任务、内容、程序、方法和成果要求等，适用于各级行政区内高标准农田建设完成后的整体评价工作。评价内容包括建设任务、建设质量、建设成效、建设管理和社会影响等5个方面。首次提出了“建设质量”概念，评价结果是

开展耕地保护责任目标考核、粮食安全省长责任制考核和自然资源资产核算等工作的重要依据。

《高标准农田建设评价规范》发布

- 《规范》规定了高标准农田建设评价的目的、任务、内容、程序、方法和成果要求等，适用于各级行政区内高标准农田建设完成后的整体评价工作。
- 高标准农田建设评价时点为每年年末和规划期末，评价对象为各级行政区内高标准农田建设总体情况，评价内容包括建设任务、建设质量、建设成效、建设管理和社会影响等5个方面，评价指标划分为3个层次。
- 首次提出了“建设质量”概念，并将工程质量目标和耕地质量因子分解到土地平整工程、土壤改良工程、灌溉与排水工程、田间道路工程、农田防护与生态环境保持工程、农田输配电工程等六大工程中，共提出了23个评价指标，其中必选指标11个。

——国土资源部网站，2016年10月14日

【盘点2】 坚持最严格的耕地保护制度，提高粮食综合生产能力

耕地占补平衡制度再出新规，跨省域耕地占补平衡仍需充分论证。国土资源部印发《关于补足耕地数量与提升耕地质量相结合落实占补平衡的指导意见》（国土资规〔2016〕8号），要求规范开展提升现有耕地质量、将旱地改造为水田，以补充耕地和提质改造耕地相结合方式落实耕地占补平衡工作。耕地占补平衡问题纳入中央全面深化改革领导小组议题，并以《关于加强耕地保护和改进占补平衡的意见》审议通过。

部署全国耕地质量等别调查评价与监测，完善占补平衡补充耕地质量评价体系。开展耕地质量定级与农用地估价试点工作，继续完善评价指标体系，对耕地质量等别渐变区域开展耕地质量等别监测评价工作，探索制定农用地“耕地”基准地价。

耕地休养生息开创土地领域里程碑式实践，合理安排生态退耕规模。发布《耕地草原河湖休养生息规划》，提出耕地的首要功能仍是粮食和农产品生产，其休养生息以“养”“退”“休”“轮”“控”为主要措施；安排退耕还林还草1510万亩，较上年增加510万亩。

改进耕地保护责任目标考核。提出从耕地保护数量质量情况、永久基本农田保护情况、耕地占补平衡落实情况、高标准农田建设情况、耕地保护制度情况等5个方面对省级耕地保护责任目标进行考核。

全国土壤环境质量总体保持稳定。《中国地球化学调查报告（2016年）》显示，全国实施的土壤地球化学调查发现了12.72亿亩无重金属污染耕地，占已调查耕地面积的91.8%。浙江省国土资源厅、浙江省农业厅、浙江省财政厅《关于全面建立耕地保护补

偿机制的通知》（浙国土资发〔2016〕5号）获国土资源部转发；安徽省突出耕地质量考核，认真落实“藏粮于地”战略；江西省实施低丘缓坡开发试点，少占耕地5.5万亩，进贤县积极探索PPP（即政府和社会资本合作）模式补充耕地。

浙江推动建立耕地保护补偿机制

浙江省国土资源厅、浙江省农业厅、浙江省财政厅联合印发《关于全面建立耕地保护补偿机制的通知》（浙土资发〔2016〕5号）。

- **总体目标**：通过建立耕地保护补偿制度，落实耕地保护共同责任机制，使农村集体经济组织和农户能从保护耕地和基本农田中获得长期的、稳定的经济收益，切实加强耕地用途管制，层层落实最严格的耕地保护制度，使耕地和基本农田能得到有效保护，促进经济社会全面协调可持续发展。
- **责任主体**：各市、县（市、区）人民政府是建立耕地保护补偿机制的责任主体。
- **补偿标准**：结合各地实际，统筹地方财力和资金，确定具体补偿标准，最低档补偿标准不得低于省补助标准，其中对村级集体经济组织保护耕地的以奖代补资金要向永久基本农田示范区倾斜，要与耕地保护责任落实、土地卫片执法检查结果、农业“两区”管护等相挂钩。

——浙江省国土资源网，2016年3月7日

【盘点3】以土地整治为平台推进高标准农田建设，夯实农业发展物质基础

谋划布局“十三五”土地整治和高标准农田建设。编制完成《关于扎实推进高标准农田建设的意见》，明确高标准农田建设加强规划和资金统筹、规范项目管理、强化工程建设监管、健全建后管护机制、加强组织保障等方面的要求；开展全国高标准农田建设情况调查摸底，对《土地整治条例（草案）》进行进一步修改。

统筹推进高标准农田建设。将中央分成新增建设用地土地有偿使用费208亿元分配给地方，支持开展高标准农田建设；颁布国家标准《高标准农田建设评价规范》（GB/T 33130—2016），为各地各有关部门开展高标准农田评价考核提供了依据；起草《关于切实做好高标准农田建设统一上图入库工作的通知》和《高标准农田建设评价考核办法》，宣传推广江苏统一上图入库经验做法，同步修改完善土地整治监测监管信息系统。

上海：打造“土地整治 +”的新格局

近年来，上海市大力推进土地综合整治，特别是党的十八大以来，在经济发展进入新常态、上海加快经济社会转型升级和供给侧改革，建设“全球城市”的宏观背景下，全面贯彻落实“创新、协调、绿色、开放、共享”发展新理念，为实现大都市地区城乡等值化发展目标，主动谋求土地整治转型，推进土地整治与艺术、体育、自然教育等跨界融合，不断提升土地整治服务经济社会转型发展的能力，逐步形成了以“土地整治 +”为主要方向的未来土地整治格局。

所谓“土地整治 +”，是指土地整治的发展与高级形态，它属于协同创新的范畴，即在土地整治工程技术创新的基础上，融合发展“互联网 +”理念、技术和手段，激发、催化和保持土地整治在配置各种相关要素资源过程中的基础作用，推动城乡各种要素资源向有利于提升土地利用综合价值的方向有序流动，通过各种要素资源的集聚，不断增强土地整治在发掘乡村价值、促进城乡良性互动、服务区域社会经济转型发展、实现城乡等值化中的资源要素配置能力，从而形成更具市场力、创新力和生产力的，以土地整治为平台和抓手的郊野地区转型发展新模式、新路径。显然，“土地整治 +”是土地整治未来发展的新常态，是对土地整治理念、模式的发展。

——中国土地整治网，2016 年 9 月 12 日

发布土地整治三项行业标准，分类推进土地整治重大工程建设。发布《土地整治重大项目实施方案编制规程》（TD/T 1047—2016）、《耕作层土壤剥离利用技术规范》（TD/T 1048—2016）、《矿山土地复垦基础信息调查规程》（TD/T 1049—2016）3 项推荐性行业标准。会同财政部下达土地整治重大工程预算 21.28 亿元；印发《关于切实做好土地整治重大工程整体验收工作的通知》，指导已完工土地整治重大工程的整体验收和工作总结；研究起草《关于加强和规范土地整治重大工程管理办法》。上海市开展“土地整治＋”系列活动，融合发展“互联网＋”理念、技术和手段，创新公众参与方式；四川省的 66 个省投土地整治项目全部开工建设，直接受益人口将达 43 万人。

四、统筹推进找矿突破战略行动，全力保障能源资源安全，支撑服务国家重大战略需求

【盘点1】精心组织找矿突破战略行动，提升能源资源安全保障

统筹推进找矿突破战略行动。总结评估找矿突破战略行动5年目标。过去5年成为新中国成立以来新增资源储量最多的5年，也是在开采消耗持续加大情况下实现保有资源储量普遍增长的5年，国务院领导作出重要批示并予以充分肯定，要求更有效调动社会资本力量，加大矿藏特别是国内矿藏深勘精查力度，进一步提高国家能源资源保障能力。5年来，共投入资金5623亿元，其中社会资金投入占84%。共发现大中型矿产地736处、亿吨级油田11处、千亿立方米气田13处；找矿突破战略行动确定的17个重点矿种中，天然气、铀等10种完成或超额完成预期目标，石油、页岩气、煤炭基本完成预期目标，煤层气、锰、锡、钾盐未完成预期目标，金、铅锌、镍、钨、钼提前完成10年预期目标。基础地质调查完成1 ∶ 5万区域地质调查124万平方千米、矿产地质调查91万平方千米、航空磁测120万平方千米。能源和重要矿产调查评价中，新区新层系油气、页岩气调查取得重大进展，天然气水合物调查取得重大发现。新疆、河南、吉林三省（自治区）人民政府对前两个阶段工作进行了总结和表彰，并对第三阶段工作做出全面部署。调整优化找矿突破战略行动第三阶段工作部署。组织重新厘定划分了26个全国重点成矿区带；对第三阶段国家级整装勘查区由2014年确定的107片调整为120片；将部分新兴战略矿产纳入找矿突破战略行动第三阶段重点矿种；组织启动了《找矿突破战略行动总体方案（2016—2020年）》的修编工作，夯实了找矿突破战略行动第三阶段工作基础。

找矿突破战略行动5年主要成果

- **“油气并举”格局初步显现。**新增11个亿吨级油田和13个千亿立方米级气田，页岩气逐步成为天然气的重要补充。石油新增探明地质储量61.27亿吨，天然气新增探明地质储量3.92万亿立方米。页岩气勘查在重庆涪陵和四川长宁取得历史性突破，新增储量5441亿立方米，实现了继北美之外的首个商业性规模开发。天然气水合物调查取得重大发现，并圈定两个千亿立方米级矿藏。
- **固体矿产奠定重塑矿产勘查开发格局的资源基础。**新发现256处大型和480处

中型矿产地。其中，铜矿新增资源储量2341万吨，铅锌矿新增资源储量6068万吨，金矿新增资源储量4949吨。钨矿新增资源储量460万吨，钼矿新增资源储量1560万吨，锂、晶质石墨等战略新兴矿产展现良好前景。

- **老矿山找矿成果显著。**在179个矿山新发现大中型矿床，平均延长服务年限10年，稳定职工就业40余万人。老矿山找矿丰富和发展了找矿预测理论，带动了深部勘查技术方法进步，推动了矿产勘查开发向深部拓展。
- **基础地质调查保持快速推进势头。**累计完成1：5万区域地质调查124万平方千米、矿产地质调查91万平方千米、航空磁测120万平方千米，全国1：5万区域地质调查工作程度由“十一五”期末的22%提高到37%，完成面积数为“十一五”期间的4倍。
- **能源矿产调查评价取得重要新发现。**油气、页岩气调查陆续在新区新层系取得重大进展，陆域圈定远景区30个。天然气水合物调查在南海北部陆坡获得大面积资源发现。贵州遵义安页1井在以往屡攻不克地区取得重大突破，打开了南方复杂地质构造区油气页岩气综合勘查新局面。煤炭资源调查新发现煤产地14处，圈定含煤远景区117个、勘查靶区103个。

——国土资源部网站

推进综合勘查综合评价和绿色勘查。国土资源部发布《关于完善地质找矿运行机制实现找矿重大突破的若干意见》（国土资规〔2016〕7号），一是统筹协调全国地质找矿工作部署，二是推进矿产资源整装勘查，三是加快推进矿业权管理制度改革，四是完善地质找矿收益分配制度，五是加强地质找矿工作监管与服务，六是大力推进地质找矿成果资料共享，七是建立科技创新产学研联合攻关机制。旨在建立完善中央和地方政府及企业相互联动，公益性地质工作与商业性矿产勘查有机衔接，地质找矿与矿产开发紧密结合，地质找矿与矿业权管理及地勘单位改革发展协调配合的地质找矿新机制，保障找矿突破战略行动确定的各项目标圆满完成。七项举措保障找矿突破战略行动各项目标圆满完成。大力推进“油铀兼探”、“绿色勘查”，青海省在全国率先启动绿色勘查试点项目，努力推动实现资源保障与生态保护双赢。

地质找矿取得显著成效。南方油气页岩气调查取得新突破。贵州遵义安页1井页岩气、油气调查获得重大突破，获得10.22万米^3/日稳定高产工业气流，国务院领导作出重要批示并高度肯定。油气地质调查取得重大发现。在我国北方地区的石炭系、二叠系和侏罗系3套油气勘查新层系取得重大突破。鄂尔多斯盆地镇钾1井钻获10.3万米^3/日的高产工业气流。天然气水合物资源勘查获得新进展。在南海北部钻探发现新的高饱和度、高渗透率的天然气水合物储层。在新海域首次钻获埋藏浅、厚度大、产状多、纯度高的天然气水合物实物样品。陆域祁连山天然气水合物三口水平生产井首次对接成功并实施试采。重要矿产地质调查取得一批重要找矿新发现。新发现新疆奇台县黄羊山超大型岩浆热液型晶质石墨矿，预测资源量2000万吨以上；青海柴达木盆地西部黑北凹地富钾卤水新增KCl资源量2000万吨；西藏新发现鲁尔玛斑岩铜矿，将冈底斯铜矿带西延200千米；云南鲁甸水磨铝土矿预测资源量2000万吨；四川雷波地区新发现西衙门、谷德磷矿，预测资源量（P_2O_5）4000多万吨。矿产地质调查新发现夯实了我国资源安全基础。海洋地质调查取得新进展。全面启动管辖海域1 ∶ 100万海洋区域地质调查成果集成，首次对南海海底地理实体进行系统命名，245个大中型海底地理实体命名获得国务院批准。在西太平洋圈定出新类型结核资源远景区6万平方千米。

2016年度十大地质找矿成果

- 新疆新源县卡特巴阿苏矿区金（铜）矿床勘探；
- 山东省莱芜市张家洼矿区深部及外围铁矿普查；
- 新疆阿克陶县奥尔托喀讷什锰矿勘查；
- 新疆察布查尔锡伯自治县洪海沟铀矿勘查；
- 新疆和田县火烧云矿区铅锌矿普查；
- 广西平南县大洲矿区稀土矿普查；
- 山西省沁水煤田黎城县黎侯勘查区煤炭详查；
- 陕西省陕北石炭—二叠纪煤田府谷矿区马家梁—房子坪勘查区普查；
- 准噶尔盆地玛湖凹陷石油勘探；
- 贵州省松桃县桃子坪锰矿详查。

【盘点2】 科学调整公益性地质工作结构，充分发挥基础性作用

修订出台《中央财政地质调查项目管理办法》。重点向服务支撑“三大战略”、战略性新兴产业、生态文明建设、脱贫攻坚、援疆援藏、油气改革试点等方面倾斜。办法明确，地质调查项目应围绕国家重大需求和国土资源中心工作，主要用于开展基础性、公益性和战略性地质调查，突出加强区域性基础地质调查、能源和重要矿产资源调查评价工作。办法要求，中国地质调查局要建立权责统一、科学合理、公开透明的项目管理运行机制，规范项目管理流程和内部控制程序，加强项目实施过程的监督和检查；建立项目进展报告、统计报告、财务报告和重大情况专报等制度，每年定期将项目进展情况、财务执行情况正式报告国土资源部。国土资源部探索通过第三方对重点项目实施效果进行评估。

建立京津冀一部三省（市）地质工作协调机制。按照“一网（重要交通通道），三区（非首都功能疏解与产业升级转移承接区、生态环境保护区、燕山—太行山集中连片特困区），一支撑（技术支撑体系）”部署综合地质调查工作，构建国土资源环境承载力评价与监测预警体系和京津冀综合地质信息平台，为京津冀协同发展规划实施提供基础支撑和服务。建立长江经济带地质工作联动协调机制。与长江经济带11个省

（市）国土资源厅（局）签署了《长江经济带地质工作协调机制》，努力提升地质工作服务长江经济带发展的水平。一要坚持需求导向和问题导向相结合，提升地质调查服务国家发展战略的能力。二要坚持创新机制，建立长江经济带地质调查工作联动协调机制。三要坚持资源共享，构建长江经济带的地质信息统一平台。四要坚持高效服务，促进地质调查成果及时转化应用。启动海域天然气水合物试开采准备工作。初步制定海域天然气水合物试采实施方案，初步提出试开采靶区。提出“地层流体抽取”试开采技术方法，进行环境影响效应评价。公益性地质工作发挥基础性作用明显。

2016年中国地质调查完成十大重点任务

- 以加快推进地质调查科学研究一体化改革和自然资源与能源安全国家实验室建设为龙头，充分发挥科技创新的引领支撑作用。
- 以纪念中国地质调查百年为契机，推出一批有重要影响的地质调查成果和人才。
- 以推进“地质云”（地质大数据）建设为手段，提升地质信息服务的效率和水平。
- 以推进项目预算制度改革为重点，理顺地质调查事业发展的内外部关系。
- 以深化“三个转变”和解决“六个不适应”的突出问题为突破口，增强地质调查破解重大资源环境问题和基础地质问题的能力。
- 以实施地质科技人才工程和地质调查九大计划50项工程为依托，强力推进科技进步、人才成长和团队建设。
- 以目标责任体系为核心，构建更加高效顺畅的地质调查运行机制。
- 以修订区调、矿调、环调技术标准规范和预算标准为抓手，大力提升地质调查的需求导向、科技引领、成果质量和应用效率。
- 以推进地质文化建设、确立地质人核心价值观为基础，探索创新新时期党建工作的内容和方式。
- 以落实“两个责任”、加大执纪问责力度为抓手，严防廉政风险，全面深化党风廉政建设。

【盘点3】推进油气勘查开采改革，有效发挥市场在资源配置中的决定性作用

继续推进新疆油气勘查开采改革试点。放开新疆油气勘查开采市场。积极筹备二轮区块公开出让。对首批中标的三家企业“扶上马、送一程”，帮助企业解决实际困难，营造良好投资环境。为了帮助企业与相关部门及地方对接，促进项目早日落地，组织举行新疆油气勘查开采改革试点中标企业与地方对接座谈会。来自国土资源部、

中国地质调查局、新疆维吾尔自治区国土资源厅、新疆维吾尔自治区发展改革委等有关部门及伊犁、阿勒泰等地的负责人进行了深入交流。中标企业积极制定投入和勘查计划，新疆维吾尔自治区国土资源厅表示，各级国土资源管理部门将为中标企业和地勘单位勘查工作提供积极服务，全力配合推动试点工作。切实加强油气勘查开采监管。完成第二轮页岩气招标出让探矿权期满考核，完成油气矿业权人勘查开采信息公示系统改造及培训，引入社会监督。部省联动，培育地方油气监管力量。进行页岩气勘查区块竞争出让，设立川南页岩气勘查开发试验区。四川积极推进试验区建设工作，重庆积极推进涪陵页岩气勘查试验区建设，取得积极成效，极大地促进了页岩气勘查开发。委托山西省国土资源厅实施部分煤层气勘查开采审批登记。委托事项包括：一是煤层气勘查审批登记及已设煤层气探矿权的延续、变更、转让、保留和注销审批登记；二是储量规模中型以下煤层气开采审批登记及已设储量规模中型以下煤层气采矿权的延续、变更、转让和注销审批登记；三是煤层气试采审批。《国土资源部关于委托山西省国土资源厅在山西省行政区域内实施部分煤层气勘查开采审批登记的决定》（国土资源部令第65号）指出，山西省国土资源厅应严格按照有关法律法规和国家有关规定，在委托事项范围内，以国土资源部的名义实施有关行政许可，不得再委托其他组织或个人实施有关行政许可，并在作出准予煤层气勘查开采审批登记决定之日起10个工作日内将有关审批登记档案报送国土资源部。山西省国土资源厅很好地完成了委托审批工作，并积极探索试采、矿业权重叠等制度。依法加强地勘行业管理。继续开展蹲点等调研，推进地勘单位后勤保障装备标准建设，截至2016年年底已完成标准制定，预计2017年公布实施。召开全国地勘局长座谈会和2016年度工作会议，积极总结地勘行业发展形势，研判地勘经济发展趋势，更好地支撑服务行业发展。成功举办第四届全国地勘行业“找矿杯”篮球赛。本届比赛共有26支参赛队伍。通过比赛，进一步促进了全国地勘单位的沟通和交流，强化了地勘文化建设，充分发挥了国有地勘单位在找矿突破战略行动中的主力军作用，营造了新时期优秀地勘行业文化。

五、深入推进资源节约集约利用，激励约束机制日趋完善，资源节约集约利用水平持续提高

【盘点 1】节约集约模范县（市）创建工作成效显著，节约集约示范省建设力度加大

第三届国土资源节约集约模范县（市）创建工作完成。国务院副总理张高丽作出重要批示，充分肯定国土资源节约集约模范县（市）创建活动取得的积极成效。2010 年以来，共有 427 个县（市）进入模范县（市）行列，24 个地级市受到通报表扬，形成了互相学习、见贤思齐、你追我赶、奋力争先的生动局面。加大节约集约示范省建设力度，批复湖北和浙江开展示范省建设。创建活动推动了资源利用方式转变，在各地转方式调结构中发挥了有力促进作用。

【盘点 2】建设用地总量与强度双控，全面提升土地节约集约利用水平

严控建设用地总量和强度。以建设用地总量“瘦身”盘活存量建设用地。“十三五”期间，我国新增建设用地总量要控制在 3256 万亩，较“十二五”期间减少 669 万亩，年均减少 100 多万亩。为深入贯彻党的十八届五中全会确定的重要改革任务，落实“十三五”规划纲要提出的单位国内生产总值建设用地使用面积下降 20% 的目标，国土资源部、国家发展改革委发布《关于落实“十三五”单位国内生产总值建设用地使用面积下降目标的指导意见》，设定了“十三五”各地区单位国内生产总值建设用地使用面积下降目标。到 2020 年年末，确保实现全国单位国内生产总值建设用地使用面积下降 20% 的目标，各省（自治区、直辖市）单位国内生产总值建设用地使用面积下降率不低于该指导意见设定的目标值，充分释放土地资源利用的空间和潜力，实现以较少的资源消耗支撑更大规模的经济增长。

持续推进闲置低效土地盘活再开发。国土资源部办公厅印发《闲置土地盘活与预防专项督查工作方案》，全面部署专项督查工作。起草《闲置土地盘活与预防专项督查工作报告》和《关于闲置土地政策的研究报告》，制定《关于深入推进城镇低效用地再开发的指导意见》，明确坚持最严格的耕地保护制度和最严格的节约用地制度，

坚持以人为本，促进新型城镇化发展，鼓励土地权利人自主改造开发，鼓励社会资本积极进入，规范推进城镇低效用地再开发，促进城镇更新改造和产业转型升级，优化土地利用结构，提升城镇建设用地人口、产业承载能力，建设和谐宜居城镇。《关于深入推进城镇低效用地再开发的指导意见》明确了城镇低效建设用地范围，完善了多项激励机制，是国土资源部深入贯彻落实中央决策部署的具体举措。各地积极推出政策措施，提升土地利用效率。广东、广西、海南完成处置4000余公顷闲置土地；广东8年完成“三旧”改造土地28.63万亩；云南通过实施低丘缓坡试点减少建设占用耕地4万余亩。

云南低丘缓坡试点建设取得积极成效

云南省地处西南边陲，全省山地面积占94%，坝区仅占6%。随着城镇化、工业化快速发展，坝区优质耕地迅速减少，耕地保护形势严峻。对此，2011年，云南省委、省政府作出保护坝区农田、建设山地城镇的决策。

云南省低丘缓坡项目的实施，有效解决了保障发展与保护耕地、保护生态的矛盾，为实现“山水田园一幅画、城镇村落一体化，城镇朝着山坡走、良田留给子孙耕”奠定了基础，实现了多赢，有效拓展了建设用地空间，促进了土地利用方式转变。2012年以来，云南省15个市（州）、106个县（市）实施低丘缓坡试点项目185个，累计完成农转征土地15.95万亩，保障了近千个项目的用地；建设占用耕地比例从2013年的55.35%降至2015年的51%，测算累计减少建设占用耕地4万余亩，切实保护了坝区优质耕地，逐步实现了由“摊大饼”式外延扩展向“用地上山”节约集约用地方式的转变。

——《中国国土资源报》，2016年11月25日

严格节约集约用地规范和标准。健全节约集约用地标准体系。修订完善《石油天然气工程项目建设用地指标》，满足了石油天然气行业新技术、新工艺发展需要，支持了石油天然气行业国际合作的现实需求。部署落实《关于推行节地生态安葬的指导意见》，力求使殡葬设施节约集约用地成为“十三五”时期土地管理工作的新亮点；会同国家体育总局启动编制城市公共体育场、公共体育馆、公共游泳馆用地控制指标。健全节约集约用地评价考核制度。完成556个城市节约集约用地区域评价成果验收，实现地级以上城市覆盖80%、县级市覆盖60%的预期工作目标。综合分析全国1700多家开发区土地集约利用情况，规范开发区用地审核工作并配合相关部委对开发区的设立、升级等进行用地审核。筛选23个重点领域节地技术与模式典型案例，不断加强节地技术和节地模式政策供给，建立完善激励机制。全国首个土地节约集约利用地方政府规章出台。2016年4月1日，《浙江省土地节约集约利用办法》正式施行，这是全国首个土地节约集约利用方面的政府规章。《浙江省土地节约集约利用办法》是对近年来浙江

省成熟的政策措施和各地的成功经验进行系统梳理、总结和提炼，以立法形式固定下来，内容包括建立土地节约集约共管机制、规划管控、土地利用空间布局、盘活存量优化利用等。

解读全国首个节约集约用地政府规章

2016年4月1日，《浙江省土地节约集约利用办法》(简称《办法》) 正式施行，这是全国首个土地节约集约利用方面的政府规章。素有“七山一水二分田”之称的浙江省，人多地少，土地后备资源匮乏，土地供需矛盾十分突出。而节约集约用地是缓解土地供需矛盾的根本出路。

近几年来，浙江省委、省政府高度重视土地节约集约利用工作，全省先后实施了“365”节约集约用地行动计划，开展国土资源模范县(市)创建活动，开展以土地资源利用为重点的要素市场配置改革试点，推进“三改一拆”行动、亩产倍增行动计划、城镇低效用地再开发、“812”土地整治工程等，出台了一系列鼓励和推动节约集约用地的政策措施，各地在推进节约集约用地工作中积累了许多经验。

以控制增量来倒逼存量，大力促进土地集约利用。《办法》明确，根据上级土地利用总体规划确定的约束性指标，编制和实施土地利用总体规划。对建设用地实行总量控制，统筹管控各类建设用地规模、布局、结构、时序和节约集约用地水平，明确要求“按照土地利用总体规划合理调整土地利用结构，控制新增建设用地，保障生活用地，增加生态用地，优化城乡建设用地结构”。《办法》提出，按照“严控新增总量、强化盘活存量”要求，改进完善土地利用计划分配制度，与节约集约用地水平相挂钩，鼓励盘活利用存量建设用地和低效建设用地。

《办法》的实施，将进一步强化全社会节约集约用地的理念，规范节约集约用地行为，整合节约集约用地有效举措，优化国土资源空间配置，提高土地资源利用效率，为浙江省经济可持续发展保驾护航。

——《中国国土资源报》，2016年4月26日

进一步推进扩大国有土地有偿使用范围。根据《中共中央国务院关于印发〈生态文明体制改革总体方案〉的通知》(中发〔2015〕25号)精神，国土资源部推进制定《关于扩大国有土地有偿使用范围的意见》。在精炼总结国有建设用地使用制度改革经验、分析当前存在的主要问题、明确改革目标意见的基础上，明确了扩大国有建设用地使用范围，规范推进国有农用地使用制度改革，严格国有土地开发利用和供应管理。

【盘点3】加强矿产资源节约与高效利用，不断提升矿产资源“三率”水平

矿产资源全面节约和高效利用取得新成效。国土资源部印发《关于推进矿产资源全面节约和高效利用的意见》（国土资发〔2016〕187号），确立了坚持保护优先、坚持高效利用、坚持改革创新、坚持落实责任的基本原则。提出到2020年，全面节约及高效利用指标体系及长效机制基本建立，建成矿产资源“三率”（开采回采率、选矿回收率和综合利用率）最低指标和领跑者指标，随技术进步动态调整；激励约束机制健全，监管有效，重要矿产“三率”达标，重点骨干矿山基本达到领跑者标准，矿产资源开发利用综合效益、先进适用技术普及率、矿业生态文明建设水平明显提高的基本目标；从加强勘查开发管理、大力研发推广应用先进适用技术、发挥标准规范强制和引领作用、建立长效机制等4方面明确了具体要求。

推进矿产资源全面节约和高效利用的主要措施

- **加强勘查开发管理。**加强综合勘查，强化源头管控，推进监管改革，推进综合利用。
- **大力研发推广应用先进适用技术。**开展技术需求调查，构建协同创新机制，推广应用先进技术。
- **发挥标准规范强制和引领作用。**健全标准规范体系，完善矿产工业指标，完善矿产“三率”指标。
- **建立长效机制。**建立矿产资源开发利用水平调查评估制度，深入开展国土资源节约集约模范县（市）创建，加大政策支持力度。

《矿产资源开发利用水平调查评估制度工作方案》由国土资源部等5部委联合印发实施。提出到2020年，建成调查评估常态化、科学化、标准化和激励约束差别化的开发利用水平调查评估制度，基本建立主要矿种“三率”指标体系，提升矿产资源开发利用水平，促进生态文明建设的基本目标。主要任务是围绕矿产资源开发利用全过程，在采矿、选矿和综合利用的重点环节，解决“调查评估的内容、方式、指标要求和评估结果应用”等关键问题，划定两个“界线”（“三率”最低指标和领跑者指标），出台一个“办法”（矿产资源开发利用水平调查评估办法），完善激励约束机制，提高矿产资源开发利用水平。发布锂、锶、重晶石、石灰岩、菱镁矿和硼矿等6个矿种矿产资源开发利用“三率”最低指标。目前，已发布了33个矿种的“三率”最低指标要求。公告第五批矿产资源节约与综合利用先进适用技术推广目录。优选62项矿产资源节约与综合利用先进适用技术纳入推广目录，使先进适用技术推广目录扩大到272项。

“十二五”期间矿产资源节约与综合利用水平进一步提升

- 基本摸清矿产资源“三率”现状，初步建立主要矿产“三率”指标评价体系，优选推广节约与综合利用先进适用技术，矿产资源综合利用示范基地建设成效显著，出台矿产资源节约与综合利用鼓励、限制和淘汰技术目录修订版。
- 发布了27种（类）矿产的“三率”指标要求，优选出210项先进适用技术并予以推广，首批40个矿产资源综合利用示范基地，涵盖油气、煤炭和有色等七大领域，中央财政投入200亿元，企业自筹计划投入1742亿元。

——《中国矿产资源报告》(2016)

六、统筹推进国土资源领域改革，建立健全自然资源资产管理体制机制，构筑重点领域改革的四梁八柱

【盘点1】全面推进自然资源管理制度改革，细化落实生态文明体制改革顶层设计

全面完成中央下达的年度改革任务。统筹谋划国土资源领域基础性改革，完善改革顶层设计，牵头的有18项，年度任务全面完成。自然资源统一确权登记办法、加强耕地保护和改进耕地占补平衡的意见、土地二级市场改革方案、矿业权出让制度改革方案已经中央全面深化改革领导小组审议通过；全民所有自然资源资产有偿使用制度改革指导意见已经国务院批准。

推进自然资源管理改革试点，加强配套制度建设。发布《关于健全国家自然资源资产管理体制试点方案》，按照所有者和管理者分开和一件事一个部门管理的原则，将所有者职责从自然资源管理部门分离，集中统一行使，负责各类全民所有自然资源资产的管理和保护。部分省份如湖南部署开展自然资源资产确权登记试点，明确浏阳、澧县、芷江三县市按照“资源公有、物权法定”的原则承担试点工作，并建立部门协作机制。继续完善土地矿产有偿使用制度，推进统一公共资源交易平台建设。研究形成《关于完善建设用地使用权转让、出租、抵押二级市场的试点方案》并报国务院审定，出台《关于推进国有土地使用权和矿业权出让纳入统一公共资源交易平台交易有关问题的通知》(国土资发〔2016〕104号)，明确了国有土地使用权和矿业权纳入公共资源交易平台的方式、信息公示、交易规则、技术标准等要求，并督促地方加快推进国有土地使用权和矿业权出让网上交易。积极主动推进二级市场改革研究，起草制定《关于完善建设用地使用权转让、出租、抵押二级市场的试点方案》。

【盘点2】不动产统一登记制度全面落地实施，切实保障人民群众基础产权权益

不动产统一登记制度在基层全面落地。截至2016年12月11日，335个地（市）、2793个县（市、区）实施统一登记，颁发新证、停发旧证，分别占100%和98%，不

动产统一登记制度实施成效显著。不动产统一登记制度体系基本形成。颁布实施《不动产登记暂行条例实施细则》《不动产登记操作规范》《不动产权证书和登记证明监制办法》，起草《启用不动产登记标识的通知》和《关于进一步规范不动产登记的意见》，出台不动产登记收费政策，构建不动产统一登记制度体系取得重大成果。不动产登记信息管理基础平台建设明显加快。印发《关于推进信息共享和网络执行查询机制建设的意见》《不动产登记信息管理基础平台接入指南》《不动产登记存量数据成果汇交规范》。26个省份的890个县区接入国家级信息平台，254个地市、2152个县区完成登记系统升级改造，162个地市、1265个县区完成不动产登记数据整合。不动产权籍调查工作稳步开展。研究制定《不动产单元编码操作指南》，组织完成地籍区（子区）划分成果国家级汇交，形成覆盖全国的地籍区（子区）划分成果。不动产统一登记落实效果显著：江西省累计办结各类不动产登记业务超76万件；湖南省不动产统一登记发证实现全域覆盖；重庆市形成了全流程、规范化的登记发证信息系统和相关制度。

【盘点3】 积极稳妥推进农村土地制度改革，赋予农民更加充分的财产权利

稳步推进农村土地制度改革三项试点。中央批准进一步统筹协调推进农村土地制度改革三项试点，要求在坚守“土地公有制性质不改变，耕地红线不突破，粮食生产能力不减弱，农民利益不受损”4条底线的前提下，把土地征收制度改革和农村集体经营性建设用地入市改革扩大到现有33个试点地区，宅基地制度改革仍维持在原15个试点地区。国土资源部认真贯彻落实中央关于进一步统筹协调推进三项试点任务的部署要求，在北京组织召开会议，进一步统筹协调推进农村土地制度改革三项试点。并要求各试点地区要汇报、传达好中央的新部署、新要求和此次会议精神，要制定完善试点实施方案，抓紧推动实施。

农村土地三项改革试点

试点主要包括三方面内容：一是农村集体经营性建设用地入市改革试点；二是农村宅基地改革试点；三是征地制度改革试点。

- 入市改革提高了农村建设用地节约集约利用水平，丰富了集体土地所有权实现形式，增强了农民集体和农民群众的获得感，促进了农村经济一、二、三产融合发展。
- 宅基地制度改革，在保障农民宅基地用益物权、引导农民自愿有偿退出闲置宅基地、规范宅基地管理和利用、改善村庄环境等方面取得了积极成效。

◆ 土地征收制度改革，围绕缩小征地范围、规范征收程序和完善对被征地农民合理、规范、多元保障机制进行了有益探索。

——国土资源部部长姜大明，《人民日报》第10版，2016年6月9日

农村集体经营性建设用地入市改革为建立城乡统一的建设用地市场作了有益探索，增加了农民土地财产收益，促进了农村新产业、新业态发展。制定了《农村集体经营性建设用地使用权抵押贷款管理暂行办法》，允许具备条件的农村集体经营性建设用地使用权开展抵押贷款。发布了《关于扩大农村集体经营性建设用地使用权抵押贷款工作试点范围的通知》，进一步明确入市范围；起草了《农村集体经营性建设用地交易管理条例》，规范入市交易流程，研发了农村集体经营性建设用地入市监测监管模块并上线运行。2016年12月20日，全国第一宗集体经营性建设用地使用权在四川泸州成功拍卖，标志着全国农村集体经营性建设用地入市工作，由33个试点启动的实质性试验阶段向实质性实施阶段迈进。9月，浙江德清县新入市农村集体经营性建设用地14宗；广西北流市10宗农村集体经营性建设用地使用权入市交易；河南长垣县“四议两公开”确保农村集体经营性建设用地入市试点决策的民主化。

宅基地制度改革有效维护了农民宅基地用益物权。有的还结合试点统筹推进脱贫攻坚、移民搬迁、美丽乡村建设、新型城镇化等。湖南浏阳市农村宅基地制度改革实践探索出“确权、审批、流转、交易平台建设、抵押融资”等试点经验；江西余江县农村宅基地制度改革试点实现96个行政村全覆盖；天津蓟县改革试点探索出宅基地申请审批模式，宅基地有偿使用和有偿退出取得效果；浙江义乌市积极探索农村宅基地使用权有偿转让制度。

多省探索宅基地有偿退出机制

新华社北京2016年9月8日新媒体专电（记者林远　叶含勇）：农村土地制度改革的一项重要内容——农民自愿有偿退出农村宅基地改革，目前正在全国多个地区加速探索。

成都市日前发布了两项方案，决定在2017年年底前在全市范围内全面推开农户宅基地使用权退出机制，2020年底前要形成改革成果。福建省晋江市大埔村探索了宅基地有偿退出、置换机制，村委会规划专门用地作为村民住宅小区，集中建设住房，村委会和村民签订协议，村民将现有宅基地和房屋退出。2016年3月，湖北省宜城市获批成为全国15个农村宅基地改革试点县市之一，随后，该市选取了刘猴镇胡坪村、流水镇黄冲村等8个村及社区进行试点，并在全省率先出台了农村宅基地有偿使用办法、自愿有偿退出办法等制度。

有专家指出，当前我国宅基地退出机制存在权属不明确、补偿标准不合理、

政策配套不完善、指标回收制度不健全等问题。为此，要建立宅基地退出引导机制，完善农村土地储备机制，保障宅基地退出指标科学可用，构建合理的农村宅基地退出监管机制。

——新华社新媒体专线，2016年9月8日

加快推进土地确权登记发证工作。推进宅基地和集体建设用地确权登记，起草形成《关于加快推进农村土地制度改革试点地区宅基地和集体建设用地使用权确权登记工作的通知》，扩大土地资产产权权能，部署开展农村不动产权籍调查示范点和确权登记示范点。广西壮族自治区河池市、百色市，浙江省丽水市等示范点进展顺利，成效显著。推进农垦国有土地确权登记，下发《关于加快推进农垦国有土地使用权确权登记发证工作的通知》（国土资发〔2016〕156号）。开展产权制度研究，建立健全土地权属争议报告制度和土地权属争议调处工作机制。

【盘点4】创新矿产资源有偿使用制度，全面保障资源安全和国家所有者权益

《矿业权出让制度改革方案》获中央深改组审议通过。坚持以招标、拍卖、挂牌方式为主，全面推进矿业权竞争出让，进一步严格矿业权协议出让，本着“试点先行”原则，利用3年时间逐步建成符合市场经济和矿业规律要求的矿业权出让制度体系，体现了改革的严谨性和科学性。深入推进矿业权审批制度改革，调整矿业权审批权限，将部分部级审批权限下放到省级，纳入矿业权出让制度改革方案中试点先行，有序推进。从加强矿产资源规划的空间管控作用、严格矿业权出让交易监管、加强矿业权统一配号监管服务、改革矿业权人监管方式等方面强化矿业权出让监管服务。

矿业权出让制度改革主要任务

- **完善矿业权竞争出让制度。**做好矿业权出让基础工作，明确矿业权出让条件，全面推进矿业权竞争性出让，改革矿业权出让收益管理，实施矿业权出让合同管理，做好新旧制度衔接，创新矿业权经济调节机制。
- **严格限制矿业权协议出让。**从严矿业权协议出让管理，建立协议出让基准价制度，完善国家财政出资探矿权管理。
- **下放审批权限，强化监管服务。**下放矿业权审批权限，强化事前管控，严格矿业权出让交易监管，加强矿业权配号监管服务，改革矿业权人监管方式。

会同财政部形成的《矿产资源权益金制度改革方案》获中央深改组审议通过。主要内容包括：一是在矿业权出让环节，完善矿业权出让制度，进一步扩大矿业权竞争

性出让范围，取消探矿权价款、采矿权价款，征收矿业权出让收益。建议将矿业权出让收益中央财政与地方财政分享比例定为5 ∶ 5。二是在矿业权占有环节，将探矿权使用费、采矿权使用费调整为矿业权占用费，占有矿业权从事矿产资源勘查开采者依法缴纳矿业权占用费。三是在矿产开采环节，将矿产资源补偿费适当并入资源税，完善资源税制。四是在矿山环境治理恢复环节，取消矿山环境治理恢复保证金，建立矿山环境治理恢复基金，建立动态化监管机制，推进环境治理成本内部化，使矿山企业真正履行矿山环境治理与生态修复责任。方案对更好地维护国家矿产资源权益，理顺资源税、租、费体系，具有重要意义。

七、加强地质灾害防治和地质环境保护，提升保护利用水平，地质资源保护再上新台阶

【盘点1】 加强地质灾害防治能力建设，切实维护人民群众生命财产安全

提升地质灾害防治能力。落实习近平总书记防汛抗洪抢险救灾工作重要讲话精神，下发《国土资源部关于贯彻落实习近平总书记做好当前防汛抗洪抢险救灾工作重要讲话精神的通知》（国土资电发〔2016〕32号），深入学习习近平总书记讲话精神，出新招、出实招、出快招，认真结合工作实际，做好汛期地灾防治工作，并派出检查组对各地贯彻落实情况进行专项检查，提升地质灾害应急工作能力和水平。

国土资源部七项举措加强汛期地质灾害防治

- 进一步高度重视地质灾害防治工作，采取有力措施，把地质灾害防治各项工作落到实处。
- 进一步落实地质灾害防治责任，坚持把隐患点的防灾责任落实到县、乡政府具体责任人和群测群防员。
- 进一步加强地质灾害防治工作的组织与督导，针对雨区“北抬东移”，西北、华北、西南、中南等地省级国土资源主管部门负责人，要对辖区内地质灾害实行包干包片。
- 进一步发挥地质灾害防治工作技术专家队伍力量，地质灾害防治专家队伍要积极前往防灾一线，实行包县、包村。
- 进一步加强应急值守和信息报送，针对“七下八上”的严峻形势，严格落实汛期24小时值守制度。
- 进一步加强监测预警和应急避险工作，推进专业监测和群测群防进一步融合，加强与气象、水利等相关部门的沟通、会商和协作。
- 进一步加强对地质灾害防治工作的宣传报告，加大对成功应急避险案例、避免群死群伤有效做法和防治一线中涌现出的先进人物的宣传力度。

——国土资源部，2016年7月22日

加强地质灾害防治制度建设。印发实施《全国地质灾害防治“十三五”规划》(简称《规划》)，为“十三五”地质灾害防治绘就目标蓝图、亮明任务清单。《规划》提出，到2020年，建成系统完善的地质灾害调查评价、监测预警、综合治理、应急防治四大体系，全面提升基层地质灾害防御能力。在重大工程所在区域、重要城市、人口聚集区等区域建立地质灾害风险管控体系，显著减缓地质灾害风险，全面降低中部、东部经济发达地区地质灾害风险，有效解决西部及老少边穷地区因灾致贫、因灾返贫问题。修订《地质灾害防治单位甲级资质审批服务指南》等技术文件，简化审批程序，规范办事流程。

强化预警应急能力，提高预防水平。预警预报涉及31个省份、303个市、1578个县，在中央电视台发布33次。圆满完成浙江丽水遂昌“9·28”特大型山体滑坡等3次灾害应急响应。开展应急演练35529次，279万人参加，324万人参加知识培训，群众防灾减灾意识和能力得到提高。

全国地质灾害防治“十三五”规划目标

以最大限度避免和减少人员伤亡及财产损失为目标，始终贯彻以人为本、预防为主，分级分类、属地管理，统筹部署、突出重点，依法依规、科学减灾的原则。

- 全面完成山地丘陵区地质灾害详细调查和重点地区地面沉降、地裂缝和岩溶塌陷调查。
- 全面完成全国重点防治区地质灾害防治高标准“十有县”建设。
- 实现山地丘陵区市、县两级地质灾害气象预警预报工作全覆盖。
- 完善提升以群测群防为基础的群专结合监测网络。
- 基本完成已发现的威胁人员密集区重大地质灾害隐患的工程治理。

此外，《规划》把全国地质灾害易发地区分成高、中、低三级，又根据灾害类型分为突发性的滑坡、崩塌、泥石流、地面塌陷地质灾害易发区和缓变型的地面沉降、地裂缝地质灾害易发区。

地质灾害防治成效显著。组织完成55亿元中央财政安排地质灾害防治专项资金下达。全国共成功预报地质灾害672起，避免人员伤亡23916人，避免直接经济损失71416万元。三峡库区连续14年未因地质灾害导致人员死亡。汶川、玉树、芦山、鲁甸、漳县、岷县等地震灾区连续3年保持地质灾害零伤亡纪录。截至2016年11月，全国共发生地质灾害9673起，造成405人死亡失踪，直接经济损失31.6亿元。与2015年同期相比，地质灾害发生数量、造成的死亡失踪人数和直接经济损失分别增加19.3%、42.6%和30.0%。

【盘点2】深化矿山地质环境恢复和综合治理，建设绿水青山

扎实推进绿色矿山建设。完成661家国家级绿色矿山试点建设任务，健全煤炭等七大行业绿色矿山建设标准，研究制订《关于进一步加快发展绿色矿业建设绿色矿山的实施意见》，积极营造推动绿色矿业发展的社会氛围。积极推进矿山地质环境恢复和综合治理。发布《关于加强矿山地质环境恢复和综合治理的指导意见》，推进制度创新，加快历史遗留问题的解决。制定矿山地质环境保护和土地复垦制度方案，将矿山地质环境恢复治理方案和土地复垦方案合并，减少审批要件，制定编制指南，减轻矿山企业负担。联合相关部委组织山水林田湖生态修复工程试点实施方案的申报和审查工作，推广综合治理经验，交流治理模式，如山东嘉祥模式、河南新乡模式。山西省启动最大规模采煤沉陷区综合治理工作，到2017年底，完成全省21.8万户、65.5万人的搬迁安置任务。安徽省坚持政府引导，建立健全绿色矿山建设标准体系，组织做好试点示范，多举措推进绿色矿山建设。

矿山地质环境恢复和综合治理：山东嘉祥模式

试点矿企将地质环境治理和土地整理、流转结合起来。

- 矿企成立专门公司，将塌陷的农田从农民手中流转出来，企业以每亩1200元的价格流转土地，优先保障周围农民就业。
- 塌陷区发展水田、水产养殖等，整理后的耕地发展设施农业和经济作物。
- 打破国土、发改、财政等部门行政界限，定期专项检查。
- 科学编制矿产资源开发利用总体规划，成立治理小组，形成科学完整的规划保护体系，建立长效管护机制。

——《人民日报》，2016年10月23日

【盘点3】强化地下水监测和地面沉降防治，加强地质遗迹资源管理

加强地下水监测。国家地下水监测工程建设成效突出。全国监测站点建设已完成累计进尺299105米（占计划总进尺61%），完成站点建设3644个（占计划总站点58%）。完善地下水监测信息系统建设，完成“地下水监测综合数据库和数据接收与设备管理子系统”和“监测工程项目管理系统”的开发。组织实施《全国地面沉降防治规划（2011—2020年）》，指导北京等7省（市）开展地面沉降控制区划定工作。推进地下水污染防治，开展河北省地下水超采综合治理试点与考核工作。编制《地热能开发利用“十三五”规划》，评估全国浅层地热能资源，积极推进干热岩勘探研究，地热能开发利用取得新成效。

习近平致信祝贺中国地质博物馆建馆100周年

中国地质博物馆创立于1916年7月，是中国最早的公立自然科学博物馆，也是亚洲馆藏最丰富的地学类博物馆。

习近平在信中指出，100年来，中国地质博物馆恪守建馆宗旨、不断精进学术，在地球科学研究、地学知识传播等方面取得显著成绩，为发展我国地质事业、提高全民科学素质作出了重要贡献。

习近平强调，科技创新、科学普及是实现创新发展的两翼。希望你们以建馆百年为新起点，不忘初心、与时俱进，以提高全民科学素质为己任，以服务青少年为重点，更好地发挥地学研究基地、科普殿堂的作用，努力把中国地质博物馆办得更好、更有特色，为建设世界科技强国、实现中华民族伟大复兴的中国梦再立新功。

——新华社，2016年7月23日

加强地质资源管理。习近平总书记致信祝贺中国地质博物馆建馆100周年，并向全国广大地质工作者致以诚挚的问候，希望以建馆百年为新起点，不忘初心、与时俱进，努力把中国地质博物馆办得更好、更有特色，为建设世界科技强国、实现中华民族伟大复兴的中国梦再立新功。

编制古生物化石保护规划和标准。起草《全国古生物化石保护规划编制大纲》，印发《关于进一步贯彻落实〈古生物化石保护条例〉及实施办法的通知》（国土资规〔2016〕12号），修改《国家级重点保护古生物化石集中产地认定标准》和《国家化石产地保护规划编制要求》，完善《国家古生物化石专家管理办法》，全面提升古生物化石保护制度化水平。加强化石产地保护，化石收藏与科普管理上台阶。启动第二批国家重点保护古生物化石集中产地的推荐工作，全国已建化石村21个，编制《古生物化石收藏单位定级标准》，完善了各省级化石数据库，举办首届化石文化周活动，展示了我国古生物化石保护与研究成效。

加强地质公园和矿山公园制度建设。加强规划管理，配合国家公园体制改革试点工作，新发布了《关于印发〈国家地质公园规划编制技术要求〉的通知》（国土资发〔2016〕83号）等4部文件，启动制定《国家地质公园（矿山公园）管理办法》，配合开展国家公园体制建设试点工作。加强地质公园内矿产资源勘查开发和工程建设活动的监督管理。完善地质公园审批的相关程序，严格执行国家地质公园命名批准的矿业权核查，公告取消两个国家地质公园和1个国家矿山公园资格，确保地质公园内地质遗迹资源和生态环境得到有效保护。持续推进我国世界地质公园申报与建设。指导协助相关地区接受联合国教科文组织专家组的实地考察，报送了2017年度中国世界地质公园候选地。2016年9月，联合国教科文组织世界地质公园理事会审议了2016年全球

22个世界地质公园的再评估报告及考察情况并确定了再评估最终结果，其中包括我国的8个世界地质公园。国土资源部发文督促有关地方人民政府和世界地质公园管理机构，认真研究世界地质公园理事会提出的意见和建议，尽快制定整改方案，做好下一评估期世界地质公园建设的相关工作。

2016年中国联合国教科文组织世界地质公园再评估结果

（国土资源部网站，2017年2月3日）

序号	公园名称	所在省（自治区、直辖市）	评估结果	称号延续期
1	黄山联合国教科文组织世界地质公园	安徽省	绿牌	4年
2	龙虎山联合国教科文组织世界地质公园	江西省	黄牌	2年
3	三清山联合国教科文组织世界地质公园	江西省	黄牌	2年
4	嵩山联合国教科文组织世界地质公园	河南省	绿牌	4年
5	云台山联合国教科文组织世界地质公园	河南省	绿牌	4年
6	王屋山—黛眉山联合国教科文组织世界地质公园	河南省	绿牌	4年
7	丹霞山联合国教科文组织世界地质公园	广东省	绿牌	4年
8	石林联合国教科文组织世界地质公园	云南省	绿牌	4年

八、深入推进法治国土建设，推进重点领域立法修法，切实提升国土资源执法和用法能力

【盘点1】集中开展规范性文件清理，积极推动国土资源立法

集中开展规范性文件清理。按照国务院部署和法治国土建设要求，国土资源部开展国土资源管理行政法规、部门规章和规范性文件清理、整合和修改工作。经清理，拟保留369件，拟不列入规范性文件范围227件，向社会公布废止或者失效的规范性文件315件，国土资源部规范性文件数量减少60%。为从根本上解决规范性文件数量多、同类事项重复发文、内容互相交叉等问题，按照“先易后难、先急后缓”原则排出时间表，有序、有效地推进规范性文件整合修改相关工作，对同一或者同类事项涉及的多件规范性文件，原则上整合修改成1～2件规范性文件。

持续推进简政放权。国务院发文取消了国土资源部实施的“地质资料保护登记”行政许可事项，清理规范国土资源部实施的“矿业权转让鉴证和公示”、“矿产资源开采地质报告编制”两项中介服务事项，取消了中央指定地方实施的“地质资料延期汇交审批及登记保护”和“在国家地质公园地质遗迹自然保护区外的园区进行矿产资源勘查、开发和工程建设活动审批”两项行政审批事项，取消了由国土资源部实施的“钻掘设备维修钳工”、“贵金属首饰机制工”、“珠宝首饰营业员”和“磨片工、淘洗工、掘进材料工、钻探材料工”4项技能人员职业资格许可和认定事项。此外，已报国务院行政审批制度改革工作领导小组办公室同意再取消“申请列入国家土地调查名录审核”等3项由国土资源部实施的行政许可事项。

深入推进放管结合。建立覆盖全国、贯穿四级的土地和矿产资源管理、开发利用全过程的网络化信息实时采集与检测体系。按照“一地（矿）一证一号”的设计思路，充分运用遥感、信息化等技术手段，全程监管、实时检测。

持续优化服务。全面实行“一个窗口”受理和接办分离，国土资源部11项行政许可事项已全部纳入政务大厅集中受理。编制实施《国土资源部行政许可事项服务指南》和《国土资源部行政许可事项审查工作细则》，行政审批工作进一步规范。

推进《土地管理法》修改和《国家土地督察条例》立法。《中华人民共和国土地管理法（修正案草案）》（征求意见稿）及说明已形成，积极配合国务院法制办公室推

进《国家土地督察条例》立法工作。积极推进矿产资源管理立法工作。进一步梳理和研究《中华人民共和国矿产资源法》修改涉及的重点问题，推进行政审批制度改革涉及的相关法律、行政法规和部门规章修改工作。海洋、测绘立法工作加强。推动《深海海底区域勘探开发法》《测绘法》《海洋环境保护法》等立法工作，推动制度完善。

【盘点2】统筹推进国土资源依法行政，国土资源执法监察效能不断提高

国土资源行政复议和行政应诉案件量大、激增。收到行政复议申请1070件，较2015年增长近五成；收到应诉515件行政诉讼案件，较2015年增长近八成，是国务院各部委中复议诉讼量最大的部门之一。国土资源部加强行政复议和行政诉讼能力建设。在“法治国土”微信公众号上定期公开行政复议申请受理情况，在政务大厅设立“行政复议”窗口，近两年行政复议案件纠错率大幅上升，年均增长5.5%，2016年已审结复议案件的纠错率达21%，行政复议和行政诉讼能力提高。

国土资源执法监察形势总体向好。2016年1—11月，全国发现违法用地行为6.11万件，涉及土地面积33.21万亩、耕地10.90万亩，同比分别下降22.17%、26.92%和28.07%；立案查处矿产资源领域违法案件3796件，同比下降12.86%。严肃查处违法案件。对13个省（自治区）的145个违法用地线索、40个煤炭违法线索进行实地核查。发函责成地方国土资源主管部门对115个违法线索进行核查。创新执法监管方式。推动12336国土资源微信举报平台建设，印发《关于加强对2015年度卫片执法工作监督指导和规范的通知》，要求坚持省级人民政府作为约谈主体，执法力度加强。加强监督指导规范，提升执法效能。研究出台《国土资源部关于〈国土资源行政处罚办法〉第七条的解释》和《国土资源部立案查处国土资源违法行为工作规范（试行）》，研究起草《国土资源执法监察规定》，明确国土资源部立案管辖范围，确定部本级立案查处的范围、工作程序和内容，保障国土资源执法监察职权有效履行。辽宁省关停199个矿山和非法采矿点，并着手组织力量进行整治“回头看”；湖北省严格监管矿山开采区水污染，加强长江经济带生态环境保护；辽宁省加强卫片执法检查，通过自查发现477宗违法用地。

制定国土资源管理系统“七五”普法工作规划。继续开展“送法工程”，利用专题活动拓展国土资源管理系统“法律六进”范围，并确定每年12月为国土资源法治宣教月，推进新时期普法工作良好开局。创新国土资源普法工作形式。不断完善国土资源部官方普法微信服务号“法治国土”的功能，开通复议立案查询和规范性文件查询功能，进一步夯实法治土壤。以“贯彻‘四个全面’战略布局、深入推进法治国土建设”为主题，集中开展国土资源“法治宣教月”活动。加强对“七五”普法工作目标和任务的宣传与解读。法治国土建设获“中国法治政府奖”，进一步扩大了法治国土建设的影响。评委会认为，国土资源管理系统的法治化水平直接关系公民法人最有价值

的财产权利，关系到全面建成小康社会的国土资源保障。“法治国土”建设立足于全面落实党中央、国务院法治政府建设的一系列要求，将严格依法行政、规范行政决策和行政权力运行、加强行政权力监督作为核心内容，为中央政府部门全面践行法治政府目标提供了样板。

《国土资源系统“七五”普法规划》任务

- 牢固树立社会主义法治信仰，深入学习宣传习近平总书记关于全面依法治国的重要论述，深入学习宣传党内法规。
- 全面提高法治素养，全面学习宣传以宪法为核心的中国特色社会主义法律体系，重点学习并熟练掌握国土资源管理法律法规，坚持领导干部带头学法、健全完善学法制度。
- 努力培育国土资源法治文化，在全社会大力营造国土资源法治氛围，积极推进国土资源法治文化建设。
- 切实推进国土资源法治实践，加强和改进国土资源制度建设，进一步推进国土资源决策科学化、民主化、法治化，坚持严格规范公正文明执法，依法妥善化解国土资源行政争议。
- 落实“谁执法、谁普法”的普法责任制，按照“一把手负总责，分管领导具体抓”的要求，建立健全法治宣传教育工作领导机制。

【盘点3】 创新督察方式和手段，国家土地督察取得新成效

土地督察制度和支撑体系日益完善。进一步修改完善《国家土地督察条例》，深入落实《国家土地督察工作制度建设规划纲要》，根据《关于建立国家土地督察机构制度规范制定审查机制的通知》设定的程序和步骤，组织开展初审工作，根据督察例会审议结果及时印发制度规范。例行督察和日常督察制度规范进一步完善，专项督察成效显著。开展永久基本农田划定情况专项督察，开展推动地方不动产统一登记制度落地实施情况督察，有效服务中心工作，督促地方政府按时、保质、保量完成任务。加强闲置土地盘活督查。印发《闲置土地盘活与预防专项督查工作方案》，全国105万亩闲置土地已处置完毕98.13万亩，处置比例为93.5%；其中通过开工建设方式处置40.81万亩，占比41.6%；通过收回和置换的方式处置57.32万亩，占比58.4%。积极探索运用“大数据”支撑“大督察”。印发《国家土地总督察办公室关于进一步加强和完善土地督察信息化建设工作的意见》，积极推进“摸底算账排队”工作，研发综合分析系统，加强对地方政府土地利用和管理情况的分析研判。充分利用土地资源“全天候”遥感监测数据，推广应用土地督察实地举证系统，进一步提高工作效率。完成“国家土地督察制度实施10周年图片展”，编撰完成《国家土地督察10年大事记》，为土地督察工作提供服务。

九、坚持发展为了人民依靠人民，持续深入推进国土资源精准扶贫和惠民利民，使人民群众有更多的获得感

【盘点 1】优化用地管理，释放精准扶贫土地红利

用地规划计划向贫困地区倾斜。调整完善土地利用总体规划，保障贫困地区用地。保障 22 个省（自治区、直辖市）贫困地区建设用地规模，新增建设用地计划向贫困地区倾斜，贫困地区新增建设用地计划占全国建设用地总量比例由 2015 年的 57% 提高到 2016 年的 65%；专项安排国家扶贫开发工作重点县每县 600 亩新增建设用地计划指标，用于脱贫攻坚工程建设。在有条件的贫困地区优先安排国土资源管理制度改革试点。在安徽省金寨县、甘肃省陇西县和西藏自治区曲水县开展土地制度改革试点；在 18 个省份开展工矿废弃地复垦利用试点，2016 年下达贫困地区土地利用复垦计划 38.57 万亩；开展 15 个省份低丘缓坡荒滩等未利用地开发利用试点。土地整治工程项目支持贫困地区发展。把贫困地区作为单独分配因素加大分配权重，支持实施土地整治重大工程建设；指导省级国土资源主管部门优先安排土地整治项目和资金，助力贫困地区开展土地整治和高标准农田建设。

用地政策向贫困地区倾斜。保障“五个一批”脱贫攻坚工程用地需求。下达贫困地区新增建设用地计划 458 万亩，保障了发展生产脱贫一批；为贫困地区 420 万建档立卡贫困人口和随迁人口实施易地扶贫搬迁工程建设供地 280 余万亩，保障了易地搬迁脱贫一批；支持贫困地区开展 1510 万亩退耕还林还草和 25° 以上坡耕地退出试点，保障了生态保护脱贫一批；支持实施教育扶贫工程，支持贫困地区农村中小学校、寄宿制学校和中、高等职业学校建设，保障了发展教育脱贫一批；社会保障和民生建设用地应保尽保，支持农村社区、养老院等社会保障体系建设，保障了社会保障兜底一批。城乡建设用地增减挂钩节余指标收益及时全部返还贫困地区。印发《关于用好用活增减挂钩政策积极支持扶贫开发及易地扶贫搬迁工作的通知》（国土资规〔2016〕2 号），按照扶贫用地应保尽保的原则，加大城乡建设用地增减挂钩计划指标的支持，允许贫困地区增减挂钩节余指标在省域范围内流转使用，并要求增减挂钩节余指标收益及时全部返还贫困地区。地方国土资源主管部门以土地政策积极推进扶贫工作。江西省用好低丘缓坡试点政策，助力精准扶贫；云南省以土地整治为当地脱贫攻坚提供重要支撑；河北省强化土地政策支撑助推易地扶贫搬迁。

河北省精准推进易地扶贫搬迁

河北省把易地扶贫搬迁作为打好脱贫攻坚战的“当头炮”，坚持因地制宜，尊重群众意愿，按照新发展理念科学制定规划，分年度、有计划地组织实施。2016年，全省确定启动12.6万人（其中建档立卡贫困人口6.3万人，同步搬迁6.3万人）的搬迁工作。截至2016年上半年，第一批28个县中已有16个县启动项目建设；全省134个项目中已完成规划90个、完成选址134个、完成工程设计45个；开工26个，规划建房面积59万平方米，可安置搬迁群众6980户、20618人，其中建档立卡贫困户4964户、14334人。

在易地扶贫搬迁过程中，一是确保“搬得准”，定准易地扶贫搬迁人口和集中安置地；二是确保“搬得出”，把集中安置小区建起来，编制安置小区详细性规划；三是确保“稳得住”，把配套设施和公共服务搞起来，坚持基础设施与安置住房同步规划、同步建设；四是确保“能致富”，把产业发展起来，实行搬迁安置社区与产业园区“两区同建”，同步抓好工业园区、农业园区、乡村旅游区等建设，实现改善居住条件与创造就业机会同步推进。

——《河北日报》，2016年8月13日

【盘点2】 充分发挥农村集体土地效益，增加农民财产性收益

保障农民土地发展权利。鼓励集体土地发展农业产业和创业创新。鼓励返乡下乡人员依法以入股、合作、租赁等形式使用农村集体土地发展农业产业，使用农村集体建设用地开展创业创新，依托自有和闲置农房院落发展农家乐，依规和当地农民合作利用宅基地改建自住房。切实维护进城落户农民土地权益。国务院印发《关于实施支持农业转移人口市民化若干财政政策的通知》（国发〔2016〕44号），强调要维护进城落户农民土地承包权、宅基地使用权、集体收益分配权，支持引导其依法自愿有偿转让上述权益，彻底消除农民进城落户的“后顾之忧”。

保障农民土地收益权利。会同人民银行联合印发《农村承包土地的经营权抵押贷款试点暂行办法》和《农民住房财产权抵押贷款试点暂行办法》，规定农民住房所有权及所占宅基地使用权可申请抵押贷款。对符合规划、用途、依法取得要求，以出让、租赁、作价出资（入股）方式入市和具备入市条件的农村集体经营性建设用地使用权可办理抵押贷款。农村集体经营性建设用地入市或再转让征收20%～50%的土地增值收益调节金，保障农民公平分享土地增值收益。

【盘点3】 改革国土资源开发精准扶贫机制，全力支持脱贫攻坚

落实国务院印发的《贫困地区水电矿产资源开发资产收益扶贫改革试点方案》，探

索以改革试点为突破口，以严格保护生态环境为前提，发挥资源优势，创新贫困地区矿产资源开发占用农村集体土地补偿方式，探索建立集体股权参与项目分红的资产收益扶贫长效机制，走出一条资源开发与脱贫攻坚有机结合的新路子，实现贫困人口共享资源开发成果。试点方案以精准扶贫、精准脱贫为导向，在全国范围内选择不超过20个占用农村集体土地的水电或矿产资源开发项目开展试点。

创新扶贫机制，落实“六个精准”。通过部、省、市、县四级联动机制，14个省级国土资源主管部门制定专门扶贫政策，开展扶贫专项督察，加快推进扶贫对象精准、项目安排精准、资金使用精准、措施到户精准、因村派人精准、脱贫成效精准“六个精准”，成为国家部委中精准扶贫工作的样板。

地质调查支撑精准扶贫。总结推广“新田模式”，“发现一种资源、培育一个产业、致富一方百姓”。在缺水区累计完成探采结合水文地质钻孔36眼，可解决约5万人的供水水源问题。以乌蒙山区和赣州四县为重点，编制了《支撑服务精准脱贫攻坚地质调查实施方案总体方案（2016—2020年）》《支撑服务赣州六县精准脱贫攻坚地质调查实施方案（2016—2020年）》《支撑服务乌蒙山区精准脱贫攻坚地质调查实施方案（2016—2020年）》。“十三五”期间，将充分发挥专业优势，以特色矿产勘查、特色农业发展、地质灾害防治、解决群众饮水困难等为重点，加大地质调查服务精准脱贫工作力度，以“精准、可靠、好用”为目的，助力贫困人口脱贫，促进地区经济发展。

十、加强科技创新与国际合作，拓展国土资源合作发展新空间，全面服务“一带一路”建设

【盘点1】大力推进国土资源科技创新，充分发挥创新驱动作用

实施“三深一土”科技创新发展战略。落实习近平总书记“向地球深部进军”的指示，构建向地球深部进军、向深海空间拓展和深空对地观测的“三深一土”国土资源科技创新战略，绘就我国科技创新战略蓝图，引领国土资源创新方向，开创国土资源科技创新新格局。全国国土资源系统科技创新大会召开。印发《国土资源“十三五”科技创新发展规划》《促进科技成果转化暂行办法》《关于加快推进科技创新的若干意见》，以制度创新推进“十三五”国土资源科技事业蓬勃发展；对73个先进集体、239名先进个人予以通报表扬；公布第二批国土资源高层次创新型科技人才培养工程入选人员名单。推进人才队伍建设。编写出版《2016年国土资源人才发展报告》；组织开展2016年享受政府特殊津贴人选推荐工作，推荐8名国家万人计划青年拔尖人才候选人，推荐山东地矿局第三地质大队钻探工王鲁朝为第十三届全国技术能手候选人。

“三深一土”国土资源战略科技新格局

- “十三五”期间，我国将以深地探测、深海探测、深空对地观测、土地工程技术的“三深一土”科技创新发展为主攻方向和突破口，构建“三深一土”的国土资源战略科技新格局。
- 到2020年，在“三深一土”若干领域创新能力跻身先进国家行列，取得一批基础理论、技术方法、仪器装备等创新成果。土地数量、质量、生态“三位一体”综合监管体系基本建成；深部能源资源勘查开发、地下空间利用关键技术取得突破。
- 到2030年，在“三深一土”领域创新能力进入先进国家前列，部分优势领域由“并行”成为“领跑”。土地数量、质量、生态“三位一体”综合监管体系高效运行，深地空间及资源勘查利用达到国际先进水平。创新平台体系完整，创新资源高效集聚，创新能力全面提升。
- 到2050年，在“三深一土”领域进入世界领先行列，为建设世界科技强国作出贡献。

地质科技创新取得新突破。发布《中国地质调查局“十三五”科技创新发展规划》，确定了用“十大计划”聚焦并服务“六大需求”，用科技创新解决重大资源环境问题和地球系统科学问题。力争到2020年，地质科技整体水平进入世界前五位，达到国际先进水平，部分重要资源环境领域地质科技水平进入世界领先行列；到2030年，地质科技整体水平进入世界前两位，达到国际领先水平，海域天然气水合物勘查开发和地球深部探测等领域地质科技成为世界领跑者；到2050年，建成世界地质科技强国。该项《规划》确定了“十三五”期间地质调查在能源资源、重要矿产资源、地质环境、海洋地质调查、基础前沿、对地观测技术与地质信息服务等六大领域的主要任务，明确了推进“三深”探测工程、实施“四大地质科技攻坚战”、推进“三大”国际大科学计划、申报实施国家“五大平台”科技项目等四项重大行动。

“十三五”时期地质科技创新主要任务

- **能源资源领域**（6项）：一是青藏高原油气成藏理论和勘查技术方法；二是南方复杂构造区页岩气成藏理论和资源调查评价技术方法体系；三是松辽盆地页岩油成藏地质理论与勘查开发技术体系；四是北方砂岩型铀矿成矿理论和勘查技术方法；五是地热能资源探测与评价。
- **重要矿产资源领域**（4项）：一是巨型成矿带成矿动力学机制及成矿系统形成与演化；二是大宗急缺和战略新兴矿产成矿规律与关键综合利用技术；三是勘查区找矿预测理论与方法技术；四是大型资源基地资源环境综合调查。
- **地质环境领域**（8项）：一是国土资源环境承载能力评价技术方法；二是城市地质和地下空间利用调查评价技术方法；三是地下水系统理论和勘查技术方法；四是地下水水质与污染防控理论与关键技术；五是岩溶动力学理论与资源环境灾害效应研究；六是重大地质灾害过程机制与风险防控技术；七是活动构造带重大工程地质问题与灾害风险防控技术；八是生态地球化学和土地质量生态管护理论与方法。
- **海洋地质调查领域**（5项）：一是海域天然气水合物成藏理论和勘查技术；二是海域天然气水合物开采及其环境监测技术；三是重点海域油气成藏理论和勘查技术方法；四是海洋地质基础理论与调查技术方法；五是近海地质调查技术方法。
- **基础前沿领域**（4项）：一是前寒武纪大陆形成与演化；二是重要造山带结构、造山过程及能源资源效应；三是重要古生物群起源与古地理、古环境协同演化；四是区域地层系统与全球对比。
- **对地观测技术与地质信息服务领域**（3项）：一是天地深一体化对地观测技术；二是“地质云”与信息服务；三是地质调查技术标准修订。

——《中国地质调查局“十三五”科技创新发展规划》

科技创新引领地质调查。出台11个促进科技创新的指导文件，全面推进地质科技创新工作，召开中国地质调查科技创新大会暨百年学术研讨会，推出百年史纲、百年画卷、百项理论、百项技术和百项成果。基本建成“地球深部探测中心”，精心实施地球深部探测计划（工程），有力地推进了国土资源卫星中心建设，完善了深空对地观测科技创新总体方案。地质科技创新取得一批重要成果。在河北高于庄组发现地球上最早的大型多细胞生物化石，将大型多细胞生物的出现时间提前了将近10亿年。建立了一套集国产卫星数据采集、处理到产品服务全链条的国土卫星资源业务运行系统，有效支撑了3颗国产卫星在地质调查领域的业务化应用。松科2井顺利实施，成为亚洲最深的大陆科学钻探工程。

2016年度十大地质科技进展

- 地球上最早大型多细胞生物化石的发现；
- 山东矿床成矿系列及找矿方向研究；
- 铀矿大基地资源扩大与评价技术研究；
- 新疆阜康市白杨河矿区煤层气开发利用先导性示范工程；
- 我国三稀资源战略调查与评价；
- 元坝超深高含硫生物礁大气田高产稳产技术；
- 地质灾害综合防灾减灾方法技术；
- 古老油气系统源灶多途径规模成烃机理与成藏；
- 青藏铁路沿线高温地热资源调查评价；
- 新一代高精度南海地质地球物理图系编制。

【盘点2】 助推“一带一路”建设，资源勘查开发国际合作取得新进展

推进“一带一路”沿线国家地质调查与合作。发布《地质调查国际合作报告(2016)》《中非地质调查合作报告（2016)》，举办四期援外培训班。甘肃省地矿局在赞比亚、喀麦隆等6个非洲国家开拓市场，在4个国家建立永久性基地。“一带一路”地质调查服务沿线国家矿业投资和产能合作取得五大成效。一是有力支撑国家“一带一路”战略实施。合作编制的相关图集和规划，为相关国家部委决策提供了支撑。二是在重点地区合作开展了地质调查。先后与25个国家合作完成260万平方千米地质地球化学调查，为提高所在国基础地质工作水平、服务矿业投资合作发挥了重要作用。三是开展了全球重要成矿区带成矿规律研究。编制地质矿产系列图件600余幅，划分找矿远景区900余个。四是构建了全球国际合作网络，搭建了广泛的国际合作平台。与53个国家、地区及国际组织签署了100多份地学合作谅解备忘录或合作项目协议，正在实施的多边或双边国际合作项目40多项。五是开展地质调查人才培训。为90余个国

家的1000多名地质矿产领域的技术人员和管理人员开展了地学专业技术和矿产资源管理培训，也为国内培养了一批国际化的人才团队。

积极探索实施国际大科学计划。先后启动了“化学地球”和“全球岩溶动力系统资源环境效应”大科学计划。联合国教科文组织全球尺度地球化学国际研究中心在河北廊坊成立，这是世界首个地球化学国际研究中心，将致力于提升全球地球化学调查研究水平，推动地球科学的进步，服务全球资源与环境可持续发展。中缅、中越地质调查合作有序推进。中缅双方在地球科学方面共同开展合作研究等问题以及合作内容、方式等达成了初步意向。就中国—东盟合作基金和“一带一路”战略、海上丝绸之路相关项目2016—2018年合作设想、海陆资料收集、缅甸地质编图工作进展等进行了交流和沟通。中越联合完成中越北部湾湾口外海域基础地质合作考察外业调查任务，全面开展中越长江三角洲与红河三角洲全新世沉积演化对比合作研究。开展了长江三角洲、两次红河三角洲野外地质考察，中方人员赴越举行了全新世三角洲演化研究技术培训和项目磋商会，邀请越南科技人员来华开展合作研究。促进了中越双边人员交流，建立了良好的沟通和协作机制，为中越双方开展更深层次的海洋合作奠定了基础。

世界首个地球化学国际研究中心成立

中心的成立是深化中国与世界各国在地球科学领域合作的新起点，为“化学地球”大科学计划创造了条件。未来6年要开展四项工作：

- 建立全球地球化学基准网，开展全球资源评价和环境变化监测。
- 开展“一带一路”地球化学填（编）图，服务国家“一带一路”建设。
- 编制全球地球化学“一张图”与化学地球平台建设，向社会提供服务。
- 积极准备“化学地球”国际大科学计划。

【盘点3】矿业行业交流持续扩大，向世界传递中国好声音

第十八届中国国际矿业大会在津成功举办。会议指出，要见微知著，顺应大势，在应对挑战中积极作为，在破旧立新中稳步前进，推动全球矿业行稳致远。本届大会以“秉持新理念、共创新未来”为主题，就矿业未来发展趋势、矿业政策与金融资本市场、国内外投资机会、地质普查勘探与开发、矿业新技术与设备、矿业的可持续发展、矿山安全与环境保护、矿产品专题及矿业项目展示推介等诸多议题展开深度研讨。大会期间举办五大论坛（主题论坛、国际矿业部长论坛、矿业发展高层论坛、中国非洲矿业投资合作伙伴论坛、国家地质调查局长论坛）、26场专题论坛和17场国家地区企业项目推介会。来自53个国家和地区的政府官员、专家学者和矿业企业、金融机构的代表共计7250多人参会参展，国内外参展商达520家。

我国自主编制的两个矿业指数发布

在第十八届中国国际矿业大会矿产开发利用专题论坛上，我国自主编制的两个矿业指数——矿业行业指数和中国矿业权活跃指数对外发布。

中国矿业行业指数的构成及计算方法，是基于长期以来对矿业经济形势的跟踪和分析结果；中国矿业权活跃指数的构成及计算方法，是基于对中国矿业权市场的分析和观察，以及长期以来积累的数据。矿业权活跃指数与矿产品市场、矿业资本市场及矿产勘查开发市场关系密切。

结果显示，2016年以来，无论是矿业行业指数还是中国矿业权活跃指数，均表现出明显翘尾，表明全球矿业市场正走出低谷并合理回归。

中国—东盟—CCOP海洋地学研讨会举行。围绕海岸带环境评价与灾害监测、深部构造研究和海陆地学编图三大领域展开专题研讨和技术培训，以寻求合作焦点，共同提升技术水平。中国地质国际影响力不断提升。组织中国地质代表团出席在南非召开的第35届国际地质大会，9名专家当选国际地科联专业委员会领导职务，200余名中国地质科学家参加学术会议并作会议口头报告。第84届加拿大勘探开发者年会设立中国分论坛。大会主会场首次举行了以“中国角色：负责任的投资者”为主题的中国分论坛。中国企业界人士首次自主组团参加了此次大会，参会的中国企业界人士多于往年。第二届国际地调局长论坛在天津举行。邀请了包括南澳、秘鲁等9个国家地质调查局局长做主旨演讲。会议指出，我国经济发展也进入了新常态，资源产业链将发生结构性变化，传统的矿业发展模式已不能适应新的形势，未来矿业企业须转变发展理念，加快科技创新，促进矿产勘查复苏，提高生产效率和升级产品，构建新的经营模式。加强地质公园管理与发展培训。包括世界地质公园网络执行局（GGN）全体成员在内的地质公园专家，对来自我国各类地质公园的近百名工作人员和科研人员进行了培训。

十一、夯实基础，加强土地调查监测和地质矿产调查评价，国土资源信息化建设成效显著

【盘点1】土地调查监测能力不断提升，土地变更心中有数

土地调查工作体系日益健全。发布2015年度全国土地变更调查主要数据结果，制定《土地变更调查技术规程（试用）》，更新城镇土地利用数据，并进行分析评价。遥感监测业务体系日趋成熟。重点监测106个城市周边永久基本农田划定情况，高效完成全国火电项目的应急遥感监测，开展全国钢铁行业去产能实施效果应急监测，截至12月9日，获取卫星影像数据924.28万平方千米（占生产任务的97.56%，同比提高4%）。《土地利用现状分类》标准修订等重点工作进展顺利。形成《土地利用现状分类（送审稿）》，制定了《地理国情普查与土地调查数据衔接实施方案》。调查评价全国耕地后备资源，结合当前水资源利用限制等条件分析，全国近期可开发利用耕地后备资源3307.18万亩。其中，集中连片耕地后备资源940.26万亩，零散分布耕地后备资源2366.92万亩，其余4721.97万亩耕地后备资源，受水资源利用限制，短期内不适宜开发利用。发布年度全国土地变更调查结果。截至2015年年底，31个省（自治区、直辖市）农用地面积96.82亿亩，建设用地面积5.79亿亩，未利用地39.57亿亩。2015年度全国土地利用变化有以下特点：一是全国耕地面积基本稳定，补改结合，使占优补优、占水田补水田得到有效落实；二是新增建设用地下降明显，落实中央有保有压调控政策，重点项目用地得到有效保障；三是内涵挖潜，积极盘活存量建设用地，节约集约用地水平持续提升。

全国耕地后备资源调查评价汇总情况

- 全国耕地后备资源总面积8029.15万亩。其中，可开垦土地7742.63万亩，占96.4%；可复垦土地286.52万亩，占3.6%。
- 全国耕地后备资源以可开垦荒草地（5161.62万亩）、可开垦盐碱地（976.49万亩）、可开垦内陆滩涂（701.31万亩）和可开垦裸地（641.60万亩）为主，占耕地后备资源总量的93.2%。

◆ 全国集中连片的耕地后备资源2832.07万亩，占耕地后备资源总量的35.3%；零散分布的耕地后备资源面积5197.08万亩，占耕地后备资源总量的64.7%。

【盘点2】 地质矿产调查评价能力增强，基础保障水平提升

工程地质评价有效服务社会发展。编制完成《主要活动断裂对重大工程影响分析报告》《岩溶塌陷对城镇和重大工程规划建设的影响分析报告》《全国地面沉降地裂缝调查监测报告》，为相关部门决策提供了技术支撑。中国地质调查局海洋地质信息网正式上线运行。首次在线发布海洋地质调查成果资料和原始数据，实现了海洋地质调查成果信息化、智能化服务的“破冰之旅”。建成“地质调查无人机数据处理云”，将有力推动无人机技术在地质灾害调查监测、地质灾害应急监测、地质遗迹调查等领域的推广应用。中国地质调查局水合物工程技术中心在广州揭牌成立，核心任务是打造天然气水合物勘查开发科技创新平台，加快推进我国海域天然气水合物资源勘查和开发工作。中国地质调查局拉丁美洲大洋洲地学合作研究中心挂牌成立，该中心将把科技创新作为首要任务，努力把握好地球科学发展的战略方向，紧盯世界科技前沿，面向经济社会需求，大力推进地球深部探测。

拉丁美洲大洋洲地学合作研究中心

◆ 地学合作研究中心将主要在基础地质研究、拓展国际合作领域及探索重点合作项目3个方面加强合作。

◆ 通过与国内、国际相关科研单位、院校、企业开展双边和多边地学合作调查研究、学术交流和人才培养，巩固与拉丁美洲大洋洲的地学组织机构的合作。

◆ 围绕重大而又广泛关注的地质—资源—环境问题，需从全球的视角开展对比研究，共同谋划和组织实施中—拉合作、中—南太合作研究项目。

【盘点3】 大数据建设成效突出，国土资源逐步迈向精细化管理

发布《关于促进国土资源大数据应用发展的实施意见》。到2020年，国土资源数据资源体系得到较大丰富与完善，国土资源数据实现较为全面的共享和开放。基于数据共享的国土资源治理能力不断提高，基于数据开放的公共服务能力全面提升。国土资源大数据在资源监管和公共服务等领域得到广泛应用，国土资源大数据产业新业态初步形成。我国首朵“地质云”——阿尔金成矿带“地质云”研发成功。阿尔金成矿带“地质云”由“云”和“端”两部分组成，主要包括横跨青海、新疆两省（自治区）、绵延长达600千米的阿尔金成矿带历年历次野外地质资料。其中，“云”以地质

调查智能空间为平台，主要承担地质数据的存储、已有地质资料蕴藏知识的再次挖掘、云客户资料的保管等任务；“端”以智能地质调查系统智能手机为主，主要承担野外地质调查人员的资料获取任务和建模计算。国土资源部网络安全和信息化领导小组及其办公室成立，领导小组是全国国土资源网络安全和信息化工作的领导机构，负责统筹协调国土资源系统网络安全和信息化重大问题、发展战略、长远规划及重要事项；办公室是办事机构，负责落实国土资源部网络安全信息化领导小组的各项决议和工作部署，统筹谋划、协调指导和组织实施全国国土资源网络安全和信息化工作。通过全面推进国土资源网络安全和信息化工作，国土资源工作稳步向信息化和精细化管理迈进。

十二、创新推进海洋测绘事业发展，构建海洋开放发展新局面，战略谋划引领测绘事业科学新发展

【盘点1】关心海洋、认识海洋、经略海洋，构建海洋开放发展新局面

推进海洋管理顶层设计。四项海洋重大改革任务圆满完成。《海岸线保护与利用管理办法》和《围填海管控办法》为保护自然岸线、控制围填海活动的生态环境影响提供根本依据。《海洋督察方案》强化了海洋管理的监督责任。建设法治海洋取得突破。制定施行《深海海底区域资源勘探开发法》，修订《海洋环境保护法》，加快推进《海洋基本法》等6部法律法规的立法进程。“十三五”海洋规划编制全面铺开。编制《全国海洋经济发展规划》，印发《国家海洋局“十三五”发展与改革规划》和“一带一路”合作、海岛保护、科技兴海、海水利用、海洋意识宣传教育和文化建设等十余个专项规划。

为什么要制定“深海海底区域资源勘探开发法”

- 深海立法有利于对我国深海海底区域资源勘探、开发活动的合理管控，促进其向科学、合理、安全和有序的方面发展。
- 有利于规范我国深海海底区域资源勘探、开发的承包者全面履行勘探合同，加强深海海底区域环境保护，促进深海海底区域资源的可持续利用，维护全人类共同利益。
- 我国的深海科学技术研究水平和深海资源勘探、开发能力建设与发达国家相比，仍存在较大差距，立法有利于整合资源，避免重复建设，以推进我国深海科学、技术发展，提升深海资源勘探、开发能力，促进我国深海事业的健康发展。

——国家海洋局副局长孙书贤，2016年3月1日

履行海洋管理职能成效显著。海洋经济实现平稳运行。与国家开发银行合作落实92个涉海项目，共融资629亿元。首批设立8个城市为海洋经济创新发展示范点。积极

推进第一次海洋经济调查。提高项目用海审批效率，缓解沿海地方经济下行压力。海洋生态文明建设成果显著。全面建立海洋生态红线制度，实施围填海总量管控，协同推进“蓝色海湾、南红北柳、生态岛礁”工程。海洋业务能力稳步提升。实现中心站服务范围覆盖沿海所有地级市、海洋站观测监测覆盖沿海所有县区，以“雪龙探极”、“蛟龙探海”两大工程为带动，提高极地和大洋科考调查能力，编制完成“智慧海洋”工程建设方案，提高海洋科技创新与调查能力。国家海洋利益得到巩固拓展。强化军民融合，开展海上巡航执法。深化海洋外交，与十余个国家签署合作协议或达成合作共识，成立“东亚海洋合作平台”和“中国—东盟海洋合作中心”。印发《建设21世纪海上丝绸之路总体设想和实施方案》，与沿线国家开展全方位、多层次合作。

【盘点2】 思想观念与时俱进，战略谋划引领测绘事业科学发展

第一次全国地理国情普查任务圆满完成。张高丽副总理高度肯定普查取得的丰硕成果和显著成绩，对深化普查成果应用、开展常态化地理国情监测、加快测绘地理信息改革创新发展进行全面部署。发布《测绘地理信息科技发展“十三五”规划》。进一步落实创新驱动发展战略的具体措施，对提高测绘地理信息科技创新能力和水平，增强科技创新对事业改革创新发展的支撑引领作用。资源三号02星成功发射并交付使用。实现立体测绘卫星双星组网运行，自主地理信息数据源的瓶颈问题进一步缓解。全球地理信息资源建设正式启动。完成了中巴经济走廊、东盟地区380万平方千米的高精度地理信息数据生产，服务“一带一路”战略成效初显。国家地理信息公共服务平台“天地图”应用和影响进一步扩大。测绘法治水平进一步提升。修订《中华人民共和国测绘法》，实施《地图管理条例》，地理信息安全监管不断强化。

测绘地理信息科技发展“十三五”规划目标

- **科技创新机制更加完善。**推进《关于加强测绘地理信息科技创新的意见》落实，在测绘地理信息科技体制改革的关键环节取得突破，逐步形成适应创新驱动发展要求的制度环境和体制机制。
- **多元投入机制初步建立。**初步形成社会资本积极参与测绘地理信息科技创新的机制。测绘地理信息行政主管部门和相关单位预算中科技创新经费投入比例达到本单位生产服务总值的2.5%。基础研究和应用基础研究项目经费在科技经费中所占比例达到10%，企业研发投入强度明显提升。
- **自主创新能力显著提升。**现代化测绘基准维持能力、实时化地理信息数据获取能力、自动化地理信息数据处理能力、网络化地理信息管理与服务能力及社会化地理信息应用能力显著提升，形成一批具有国际竞争力的民族品牌软硬件产品，进一步缩小与国际领先水平的差距。

◆ **创新平台建设再上新台阶。**积极推进国家（重点）实验室建设，国家测绘地理信息局重点实验室和工程技术研究中心数量按照30个的规模，重组、调整或新建2～3个。新建3～5个创新联盟或协同中心、10个以上科普教育基地。测绘地理信息科技创新平台布局更加合理。

2016年，国土资源主管部门深入学习贯彻习近平总书记“七一”讲话精神和十八届六中全会精神，以“四个意识”全面推进从严治党，努力打造忠诚、干净、担当的干部队伍。做实做细“两学一做”学习教育，按照全面从严治党、“坚持不忘初心、继续前进”的要求，部署开展“两学一做”学习教育，不断坚定理想信念，推动国土资源事业发展。系统开展“能力建设年”活动，提升国土资源系统干部“懂全局、管本行，抓重点、破难题，抓落实、求实效，崇廉洁、拒腐蚀”能力效果显著。完善干部管理监督制度，先后出台了《部党组推进领导干部能上能下实施细则（试行）》等多部规范性文件，健全完善了具有部门特色的干部管理监督制度体系。锻炼国土资源干部队伍，将落实《干部任用条例》、推动精准扶贫与加强干部培养锻炼有效结合，继续安排干部信访锻炼和基层锻炼，修订《干部教育培训管理办法》，扎实开展大规模干部培训。通过打造一支忠诚、干净、担当的国土资源干部队伍，提升系统干部“四种能力”，努力把中央各项政策部署落到实处。

中篇

当前国土资源经济形势分析

2016年，我国经济形势缓中趋稳、稳中向好。一方面，经济运行质量和效益提高，经济结构继续优化，创新对发展的支撑作用增强。生态环境有所好转，绿色发展初见成效。另一方面，经济运行仍存在不少突出矛盾和问题，产能过剩和需求结构升级矛盾突出，经济增长内生动力不足，金融风险有所积聚，部分地区困难增多。全球经济增长依然疲弱，政策不确定性增加，多种不利因素困扰经济全面复苏。

国土资源经济形势总体呈现回暖迹象。土地市场升温迹象明显，土地整治规模同比增长近一倍，土地违法形势有所好转，房地产调控力度不断加大。我国主要矿业行业指数都出现不同程度回升，翘尾态势坚决；主要矿产品进口量均呈增长态势，价格在相对底部整体回升，资源税等供给侧结构性改革成效初步显现。全球地质勘查活动指数呈现起底回暖态势，国内地勘经济发展则面临转型升级，地勘人员出现结构性过剩。

2017年，国家将坚持稳中求进的总基调，在保持社会稳定的前提下，推进关键领域工作取得突破。在国土资源经济领域，应进一步稳定土地供应，抓好房地产市场调控；充分利用地质勘查经济转型机遇，筑牢矿业市场底部；牢牢把握国内外政治经济大局，深化国土资源关键领域供给侧结构性改革，稳中求进，稳中有为，精准施策，强力支撑经济社会发展。

一、宏观经济形势

全球经济增长依然疲弱，发达经济体增速放缓，新兴市场和发展中经济体整体情况有所改善，但速度有所放缓，债务风险凸显。国内宏观经济缓中趋稳，GDP增速符合预期，产业结构持续优化，创新创业蓬勃发展，居民消费价格温和上涨，工业生产领域改善向好，但不稳定、不确定因素仍然较多。

【1】全球经济增长疲弱，缺乏强劲增长动力

发达经济体增速放缓，复苏前景分化。受制造业萎缩、上半年商业投资疲软和去库存的影响，2016年美国经济增长率仅为1.6%，为2011年以来最低，鉴于美国新政府政策态势的可能变化，未来美国经济增长的不确定性增加。欧元区复苏动能减弱，生产端维持扩张趋势，但出口与消费保持低迷，通缩压力依然存在。受英国“脱欧”影响，未来欧元区经济增速或将继续下降，英国则有可能进入衰退。日本经济保持低迷，从中期来看，受提高消费税率的影响，未来或将再次陷入负增长。

新兴市场和发展中经济体表现亮眼，带动全球经济小幅增长。国际货币基金组织（IMF）2017年1月报告称，2017—2018年全球前景增强的主要支撑因素是新兴市场和发展中经济体增长预期加快。目前，估计新兴市场和发展中经济体的2017年增长率将达到4.5%。预计印度2017年GDP增速在7.2%左右，为主要经济体中增速最快的国家。巴西经济逐渐显现复苏迹象，预计2017年或可实现正增长，但复苏之路仍漫长崎岖，取决于新政府实施结构性改革以恢复财政的可持续能力。俄罗斯经济形势仍然复杂，增长势头不稳，但负增长的程度减小，正在逐渐克服下滑态势。受困于低迷的大宗商品价格，撒哈拉以南非洲国家经济增速持续下降，但经济较为多元化的国家，如卢旺达和塞内加尔，则继续实现了5%以上的增长。

中国在全球经济中扮演一种什么样的角色？

- 中国是世界经济增长的主要稳定力量和拉动的力量，因为确实过去我们每年的经济增长对世界的贡献率超过30%。
- 在世界贸易增长速度下滑的状况之下，中国的贸易增长速度当然有所下滑，可是我们在世界贸易当中的份额是在增加的，我们是做出重要贡献的。

◆ 未来五年，这个格局是不会改变的，中国还是全世界最重要的经济稳定和增长的动力来源。

——林毅夫

全球各主流经济机构对2017年全球及部分国家和地区经济增长做出预期，普遍认为，目前全球经济增长疲弱，发达经济体增长停滞，西方民粹主义和贸易保护主义抬头，会进一步阻碍经济增长和创新，使复苏之路更加崎岖和严峻。

相关机构对全球2017年GDP增速预测 单位：%

预测机构	全球	美国	欧元区	日本	英国	俄罗斯	中国	印度	巴西	南非
国际货币基金组织	3.4	2.3	1.6	0.8	1.5	1.1	6.5	7.2	0.2	0.8
经济合作与发展组织	3.3	2.3	1.6	1.0	1.2	0.8	6.4	7.5	0.0	1.1
世界银行	2.8	2.2	1.6	0.5	—	1.4	6.5	7.7	−0.2	1.1
中国银行	2.8	2.0	1.5	0.6	1.5	1.0	6.7	7.6	0.5	0.8

【2】 我国经济增长缓中趋稳，稳中向好

经济增速符合预期，企稳迹象明显。2016年，我国国内生产总值（按可比价格计算）同比增长6.7%，其中一、二、三季度同比增长6.7%，四季度同比增长6.8%，是我国季度经济增速自2014年三季度以来首次回升。总体来看，新常态特征更加明显，经济运行处在合理区间，经济增长的质量和效益提高，新动能成长：三大产业保持稳定增长，工业生产和企业效益呈现明显向好态势；固定资产投资增速缓中趋稳，制造业投资和民间投资增长乏力状况有所缓解；消费稳中有升，对经济支撑作用凸显；进出口状况有所改善；居民消费价格涨势温和；失业率保持基本稳定；居民收入稳步增长。

专家研判2017年中国经济

◆ **周其仁**：2017年中国经济的突围＝体制改革＋创新；没有党中央、国务院坚强领导，主动地发起一轮一轮的深化改革，这个成本很难降下来。

◆ **张维迎**：中国最大的问题就是中国经济增长方式的转型；过去靠后发优势，如今空间越来越狭小，现在中国经济要不断地去练内功，简单说就是创新能力。

◆ **厉以宁**：未来，企业家的队伍将改变；供给侧结构性改革不与人力资源素质的提高结合在一起，效果是不行的。

◆ **林毅夫**：下行压力是中国面对的一个挑战，当然了，其他国家同样面临这个下行压力的挑战。对我们国家来讲，供给侧结构性的改革非常重要，要解决好供给侧结构性改革与我们经济增长之间的关系。

产业结构持续优化，创新创业蓬勃发展。2016年，我国第三产业增加值占国内生产总值的比例为51.6%，同比提高1.4个百分点，高于第二产业11.8个百分点，产业结构持续优化升级。全国新登记企业552.8万户，同比增长24.5%；众创空间、孵化器等新兴服务业呈现快速增长态势，同比分别增长47.3%和40.9%，为创新创业提供了良好的发展环境。在创业创新热潮涌动的同时，我国新产业、新产品快速增长，新模式、新服务不断涌现，经济发展中的"新元素"异军突起，减缓了传统产业的影响。

不确定、不稳定因素较多，经济下行压力依然较大。2016年，我国经济在多种因素的作用下，稳定性明显提高，前三季度GDP增速均保持在6.7%，四季度翘尾回升至6.8%，内在结构发生积极变化，质量效益不断提高，平稳的主基调下孕育新的发展动力。但是，必须清醒地认识到，当前国内外环境仍然错综复杂，不确定、不稳定因素较多，产能过剩和需求结构升级的矛盾仍然突出，以"三去一降一补"为核心的供给侧结构性改革，必定会给宏观经济带来短期阵痛和下行压力。未来，要坚持稳中求进的总基调，在保持社会稳定的前提下，推进关键领域工作取得突破，要坚定不移地推进供给侧结构性改革，增强发展信心，着力推进经济转型升级，着力加快创新驱动发展，巩固壮大积极变化，促进国民经济持续稳定健康发展。

相关机构对我国2017年GDP增速的预测　　单位：%

预测机构	2017年经济增速预测
世界银行	6.5
国际货币基金组织	6.5
经济合作与发展组织	6.4
亚洲开发银行	6.4
中国银行	—
中国社会科学院	6.5
清华大学中国与世界经济研究中心	6.6

近期，国内外各大机构纷纷提出或修改对我国2017年经济增速的预测值。国际货币基金组织表示，上调中国的增长预测，因为预计中国将继续提供政策支持。然而，如果继续依赖政策刺激措施，同时信贷快速扩张，在解决企业债务问题特别是强化国有企业预算约束方面进展缓慢，则经济更急剧减缓或出现破坏性调整的风险将增大。清华大学中国与世界经济研究中心（CCWE）报告称，中国经济目前已经表现出止跌迹象，但经济自发增长动力仍显不足，房地产市场分化调整影响对经济增长的贡献度，外贸形势依旧严峻等因素影响，经济回暖言之过早。目前经济的主要任务依然是坚定不移推进改革，以激励相容的制度理顺政企关系，释放中国经济长期增长潜力。

【3】国内工业生产总体平稳，固定资产投资增速回落

工业生产总体平稳，向好趋势增强。在供给侧结构性改革推动下，国民经济延续了总体平稳、稳中有进的发展态势，国内生产需求基本平稳，市场供求有所改善，积极因素继续增加。在宏观经济政策作用下，“三去一降一补”成效不断显现，经济向好趋势增强。2016年，全国规模以上工业增加值比上年实际增长6%，增速较上年回落0.1个百分点。分季度看，一季度同比增长5.8%，二、三、四季度均增长6.1%，工业生产增速基本维持在6%左右小幅波动，企稳态势明显。1—10月，国内工业品价格回升明显，钢铁、有色、煤炭等行业价格回升，规模以上工业企业利润增长显著。

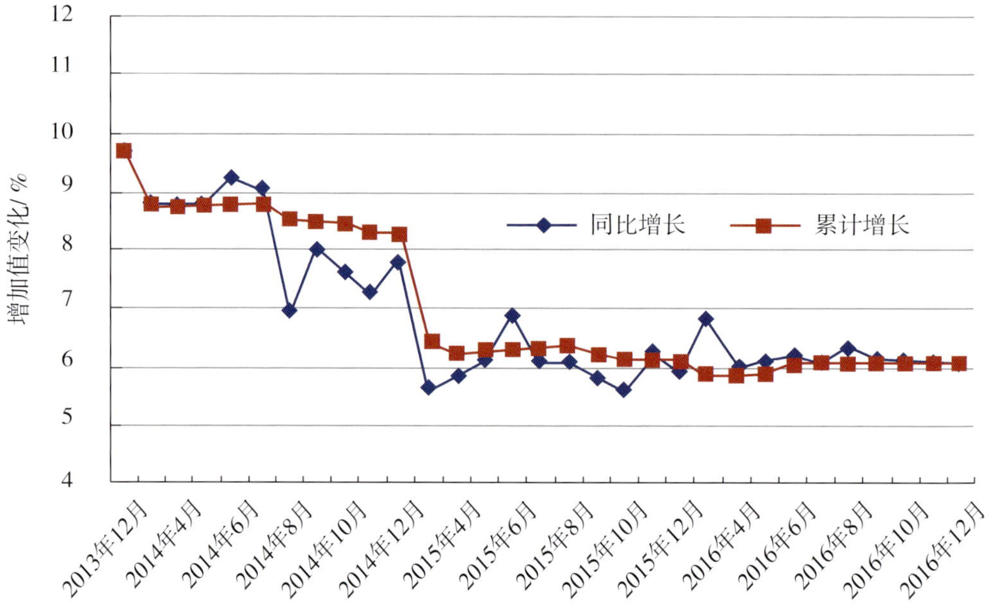

2013年12月—2016年12月规模以上工业增加值变化情况

固定资产投资增速回升，经济筑底完成。2016年1—12月，全国累计完成固定资产投资（不含农户）596501亿元，同比增长8.1%，增速比1—11月回落0.2个百分点，比上年回落1.9个百分点。分产业看，第一产业投资18838亿元，同比增长21.1%；第二产业投资231826亿元，同比增长3.5%；第三产业投资345837亿元，同比增长10.9%。其中，基础设施投资118878亿元，同比增长17.4%；高技术产业投资同比增长18.3%，增速快于全部投资10.2个百分点；房地产开发投资增速维持高位，在商品房销售快速增长的带动下，1—12月完成投资102581亿元，增长6.9%，增速比1—11月加快0.4个百分点，比上年加快5.9个百分点。

工业生产和固定资产投资等宏观经济数据表明，通过供给侧结构性改革，经济结

构不断优化，市场供求关系出现好转，内外需求开始增加。地产、汽车、煤炭等行业已从被动去库存到主动补库存，房地产限购新政也将减弱2017年房地产投资动力。在国内产业结构调整及国际形势变化影响下，预计资源需求量增速将放缓。

【4】 金融改革步伐加快，外贸形势有所改善

金融改革步伐加快，助力供给侧结构性改革。2016年，国家加强宏观需求管理，继续执行积极的财政政策和稳健的货币政策，一系列新政策和措施不断推出，为供给侧结构性改革营造良好的宏观环境。一是采取措施降低各项税费，激发财政资金效应，加大引导社会资金投向实体经济和基础设施建设的力度；二是引导货币信贷和社会融资合理增长，疏通货币政策传导渠道，优化信贷结构，支持实体经济发展；三是防范和化解金融风险隐患，保持人民币汇率在合理均衡水平上基本稳定，推动财税、金融、创新、国企等重点领域改革；四是以金融改革为跳板，推动落实“三去一降一补”重点任务。

山东平度推进农村金融体制机制改革

- 作为山东省唯一的国家中小城市综合改革试点市，平度市积极推进农村金融体制机制改革，构建农村金融聚集区，创新农村金融产品和服务模式，为中小企业和农民提供资金保障，逐步实现资金从“抽水机”向“蓄水池”转变。
- “政银保”“助保贷”“企业扶持过桥基金”等金融业务，用不足5亿元的财政资金，撬动社会资金50多亿元。
- 资金全部用在涉农领域，真正体现了“涉农、增信、普惠”。农村专业合作社信用互助合作、土地经营权抵押贷款等试点，让经营大户、农户不再为贷款难犯愁。

——《人民日报》，2007年2月11日

贸易总额小幅增长，市场需求有所改善。根据海关总署数据，2016年我国进出口总值为24.33万亿元人民币，同比下降0.9%。出口13.84万亿元，下降2%；进口10.49万亿元，增长0.6%；贸易顺差3.35万亿元，收窄9.1%。其中，进口铁矿石增加7.5%，原油增加13.6%，煤炭增加25.2%，成品油减少6.5%。12月，按美元计，我国出口总值同比下降6.1%，进口总值同比增长3.1%。

2016年全球经济与贸易处于低发展阶段，WTO预测全球商品贸易总额全年仅增长1.7%，15年来首次出现国际贸易增幅低于全球经济增幅。当前，某些发达国家“逆全球化”和民粹主义思潮升温，欧美日拒不承认中国市场经济地位，更是变相的贸易

保护主义。国内经济实现软着陆，虽然供给侧结构性改革已经初见成效，但也未到转型成功阶段。在严峻的外部环境和内部动力增长缓慢的情况下，我国的贸易将面临挑战，资源需求增长不稳。

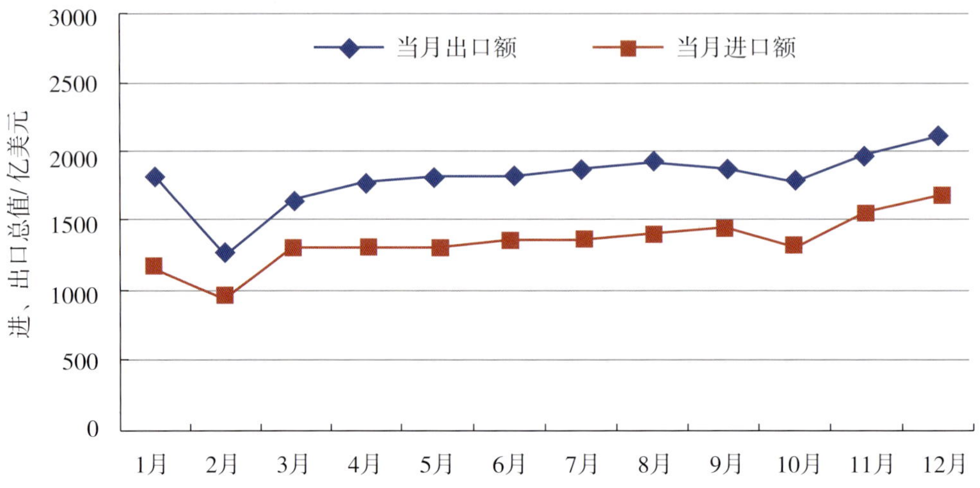

2016年我国月度进、出口总值情况

【5】 CPI涨幅保持低位，PPI降幅持续收窄

2016年，居民消费价格指数（CPI）同比上涨2.0%，涨幅比上年扩大0.6个百分点。其中，食品、服务和工业消费品价格分别上涨4.6%、2.2%和0.2%，分别影响CPI上涨0.90个、0.81个和0.08个百分点。CPI涨幅的最低点出现在8月，主要是由于同比涨幅回落较多。下半年，CPI同比涨幅呈现缓慢上涨态势，主要原因是上年同期对比基数相对偏低，以及受鲜菜价格、汽柴油和水电燃料价格上涨、节日等因素影响。

2016年，全国工业生产者出厂价格指数（PPI）逐月改善向好，9月同比上涨0.1%，结束了同比连续54个月下降的态势，首次由负转正。10—12月，PPI呈现连续上涨趋势，12月更是攀升至5.5%，创2011年10月以来最高值。PPI由负转正，主要是受供给侧改革、去产能、去库存推进和国际市场大宗商品行情回暖等因素影响。PPI持续改善，对于企业家信心和投资回报率带动下的投资动力都具有很好的提振作用，也表明投资有望触底企稳。

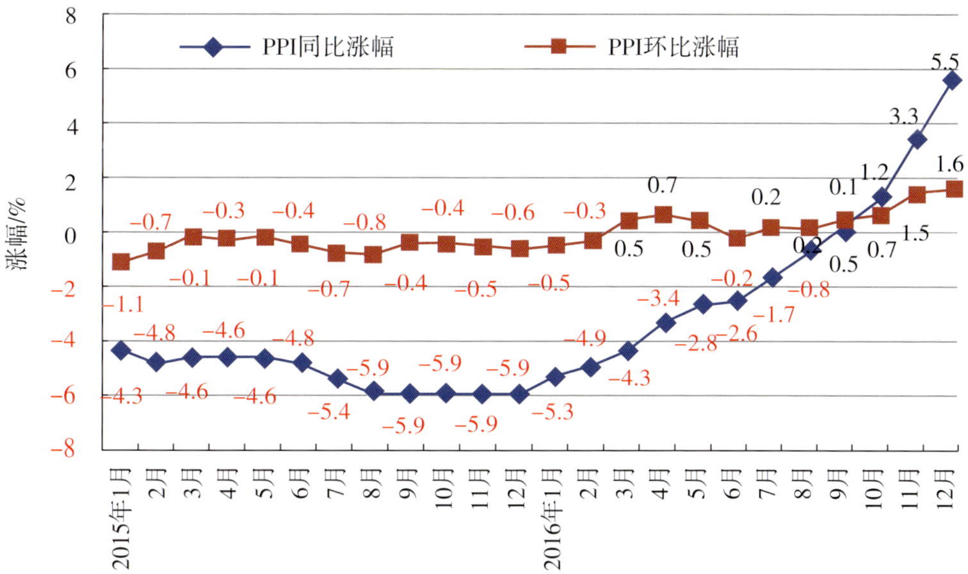

2015—2016 年工业生产者出厂价格指数（PPI）走势

2016 年，全国居民消费价格上涨 2.0%，涨幅控制在 3% 的目标内；工业生产者出厂价格下降 1.4%，降幅比上年收窄了 3.8 个百分点，从动态看，出现由降转升。消费价格温和上涨，生产价格由降转升，反映出经济运行中积极变化积累增多、市场形势稳中向好的新态势。

二、土地经济形势

全国建设用地供应量同比小幅下降，10月开始呈回升迹象。土地市场升温迹象明显，全国土地出让价款同比增长超两成；土地违法形势有所好转，同比下降三成；房地产市场调控力度不断加大，降温迹象显现。

【1】建设用地供应量同比小幅下降，10月开始呈现回升迹象

2016年，全国批准建设用地总面积45.28万公顷，同比增长14.7%。其中，单独选址建设用地面积为24.13万公顷，同比增长57.1%。

从实际供应情况来看，全国国有建设用地供应总量为51.80万公顷，与2015年相比下降2.9%。分季度看，四季度供地19.91万公顷，环比增长69.6%。

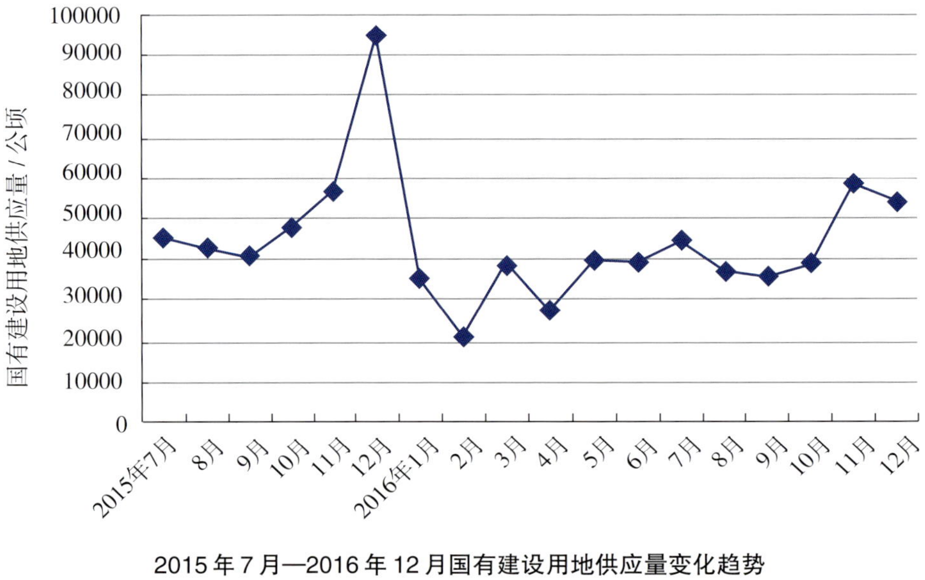

2015年7月—2016年12月国有建设用地供应量变化趋势

数据来源：国土资源综合统计报告

分类型看，全国工矿仓储用地供应12.08万公顷，同比下降3.2%；房地产供地10.75万公顷，同比下降10.2%；基础设施及其他用地供应28.97万公顷，同比增长0.2%。三种地类供应分别占总供应量的23.3%、20.8%和55.9%。

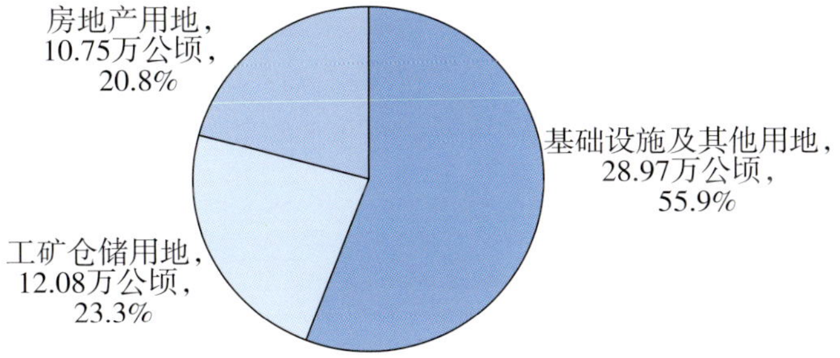

2016 年国有建设用地供应分类型结构

数据来源：国土资源综合统计报告

在房地产用地中，住宅用地供应 7.29 万公顷，占房地产供地面积的 67.8%，同比下降 11.7%。其中，保障性住房[❶]供地 1.41 万公顷，占住宅用地供应面积的 19.3%，同比下降 31.4%。

分地区来看，东部、中部、西部地区供地面积分别为 19.36 万公顷、14.06 万公顷和 18.37 万公顷，分别占全国供地总量的 37.4%、27.2% 和 35.4%，同比分别增长 3.9%、下降 0.2% 和下降 3.8%。

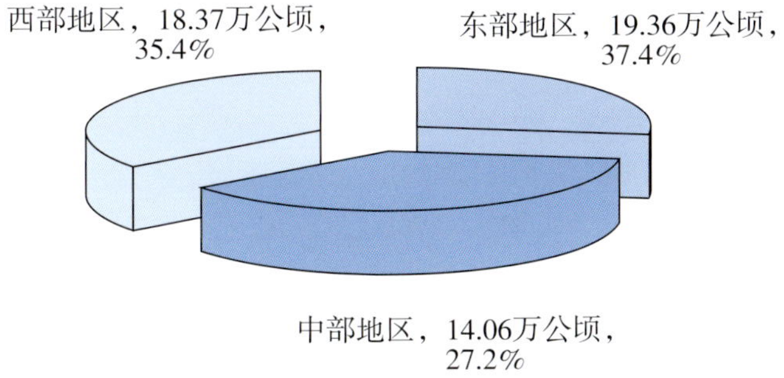

2016 年 1—10 月国有建设用地供应分地区结构

数据来源：国土资源综合统计报告

从 2017 年的土地供应形势来看，尽管国内经济仍有下行压力，但供给侧改革的深入推进有助于压缩下跌空间。去产能改善供需关系，企业盈利持续改善；去库存大幅降低房地产市场存销比。预计 2017 年的土地总供应量仍会维持在 2016 年的水平。

从供地结构来看，自 2016 年下半年开始，一、二线房地产市场显现快速上涨态势，房地产企业拿地的积极性增加，但年底不少大城市的调控力度也在不断加大，房价呈下滑迹象，促使企业谨慎拿地。三、四线城市房地产市场还是以消化库存为主，预计未来短期内房地产土地供应会有小幅的下降。工矿仓储用地需求与工业经济发展

❶ 经济适用房、廉租住房和公租房用地三项合计。

有着紧密的联系，2016年三季度开始，无论从工业增加值、采购经理指数（PMI）、用电量还是铁路货运量来看，当前实体经济内外需均有所回暖，工业运行情况有所改善。预计未来工矿仓储供地会有小幅的增长；在宽松财政稳货币导向下，基建投资仍将相对高位。重大工程和基建投资将会加速推进，继续扮演“稳增长”的核心力量。在2016年全国批准单独选址建设用地大幅增加的背景下，基础设施用地供应预计在2017年上半年还会有一定幅度的增长。

【2】 土地市场升温迹象明显，土地出让价款同比增长超两成

2016年，全国土地出让面积共20.82万公顷，同比下降5.9%；但土地出让合同价款3.56万亿元，同比增长19.3%。表明土地出让的平均价格较2015年有了大幅度上涨。分月度看，自2016年年2月开始，土地市场开始出现大幅的反弹迹象，到7月达到最高值。在经历8月和9月的较大幅度的回落后，10月又开始呈快速反弹态势。2016年四季度全国土地出让面积和出让价款分别为65191.3公顷和12786.3亿元，环比分别上涨26.4%和43.0%。

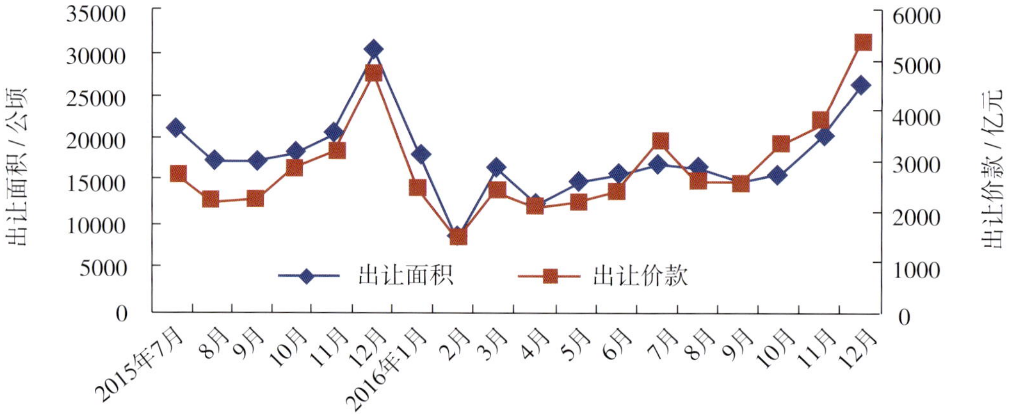

2015年7月—2016年12月国有建设用地出让面积与价款变化情况

数据来源：国土资源综合统计报告

从监测地价来看，全国地价总体水平持续温和上行。综合地价、商服地价、住宅地价的同比、环比增速均呈上升态势，其中以住宅地价增幅最为明显。2016年四季度的统计数据表明，全国105个主要监测城市综合地价、商服地价、住宅地价、工业地价分别为3826元/米^2、6937元/米^2、5918元/米^{2}和782元/米^2，四类用地价格同比分别增长5.31%、3.09%、7.91%和2.84%。随着我国供给侧改革的深入推进，工业经济企稳回升，工业仓储类用地需求增加会导致工业类用地价格在2017年出现一定的上涨趋势，而随着各地楼市调控政策陆续出台，从资金、需求、信贷等多方面加以约束，市场的过热成交将会明显被抑制，商服、住宅用地价格会有所降温。

【3】土地整治项目规模同比增长近一倍，新增耕地6.14万公顷

2016年，全国土地整治工程稳步推进，截至第三季度，全国共有3356个土地整治项目通过验收，同比下降4.1%，但项目总规模达95.73万公顷，同比增长90.6%。项目总投资额168.97亿元，同比增长28.8%。新增农用地6.26万公顷，新增耕地6.14万公顷，同比分别下降14.4%和13.3%。

通过土地整治，不仅新增了耕地数量，改善了土地生态条件，促进了农田系统的稳定，而且改善了农业生产条件和农村生活条件，增加了农民、农业、农村的收入，夯实了农业现代化发展的基础。

【4】违法用地同比下降超两成，四季度呈反弹迹象

2016年，全国共发现土地违法案件74055件，涉及土地面积26941.72公顷，同比分别下降17.1%和21.8%，其中涉及耕地8775.5公顷，同比下降23.5%。从走势来看，自2016年2月以来，违法用地呈逐月大幅递增态势，到5月达到最高峰。进入下半年以后基本稳定，但四季度开始又迅速反弹。2016年四季度，土地违法案件数量与违法用地面积分别为23482件和9905.5公顷，环比分别上升了23.9%和38.2%。

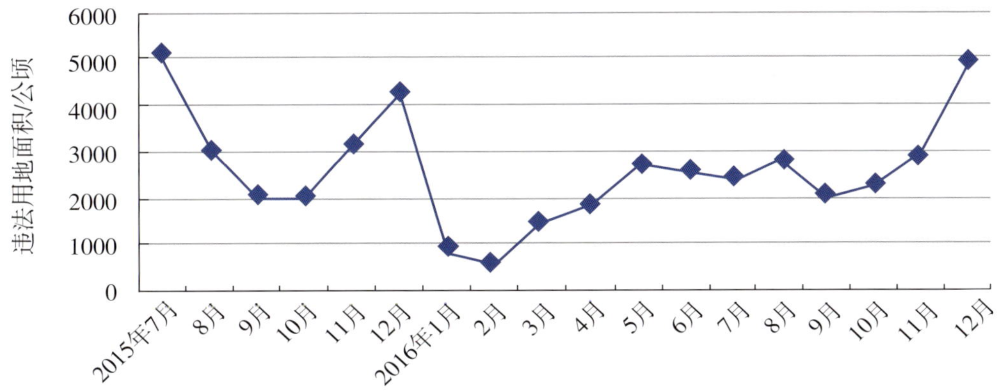

2015年7月—2016年12月违法用地趋势

数据来源：国土资源综合统计报告

分地区看，东部、中部、西部地区土地违法面积分别为8783公顷、5523公顷和12635.7公顷，分别占全国土地违法总量的32.6%、20.5%和46.9%，同比分别下降15.1%、39.1%和15.9%。京津冀地区土地违法面积为2056.73公顷，同比下降48.1%，占全国总量的7.6%；长江经济带土地违法面积为9225.54公顷，同比下降6.8%，占全国总量的34.2%。

国土资源部：加快土地整治，力争建成6亿亩高标准农田

国土资源部发布《全国土地整治规划（2016—2020年）》。根据规划，“十三五”期间，将力争建成6亿亩高标准农田，使经整治的基本农田质量平均提高1个等别；全面推进土地复垦，复垦率达到45%以上，开展土地生态整治，使土地资源得到合理利用，生态环境明显改善。

一方面，要全面提升耕地数量和质量的双重保护，通过土地整治、补充耕地2000万亩及落实最严格的耕地保护制度来努力补充优质耕地；另一方面，要落实最严格的节约用地制度，积极稳妥地推进城乡建设用地整理，有序开展城乡建设用地增减挂钩来优化城乡土地利用布局和结构，提高用地的质量和效益。同时，“十三五”期间要整理农村建设用地600万亩，更新改造600万亩的城镇低效用地；要促进“十三五”期间单位国内生产总值的建设用地使用面积，争取降低20%。

——央广网，2017年2月15日

【5】房地产经济持续增长，市场调控力度不断加大

2016年1月以来，房地产开发景气指数（简称“国房景气指数”）连续数月保持上涨态势，到5月底涨至高峰（94.41）；从6月开始出现下滑迹象，至8月又有小幅的反弹；四季度以来总体平稳，波动幅度不大。2016年12月底的国房景气指数为94.08，比11月（94.04）提高0.04点。

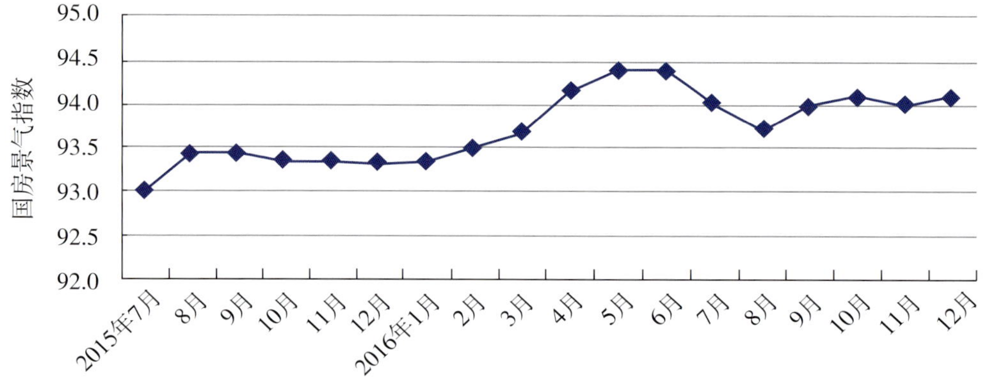

2015年7月—2016年12月国房景气指数变化情况

数据来源：国家统计局

1. 房地产开发投资与土地购置完成情况

2016年1—12月，全国房地产开发投资102581亿元，比2015年名义增长6.9%（扣除价格因素，实际增长7.5%），增速比1—11月提高0.4个百分点。其中，住宅投资

68704亿元，同比增长6.4%，增速提高0.4个百分点。住宅投资占房地产开发投资的比例为67.0%。

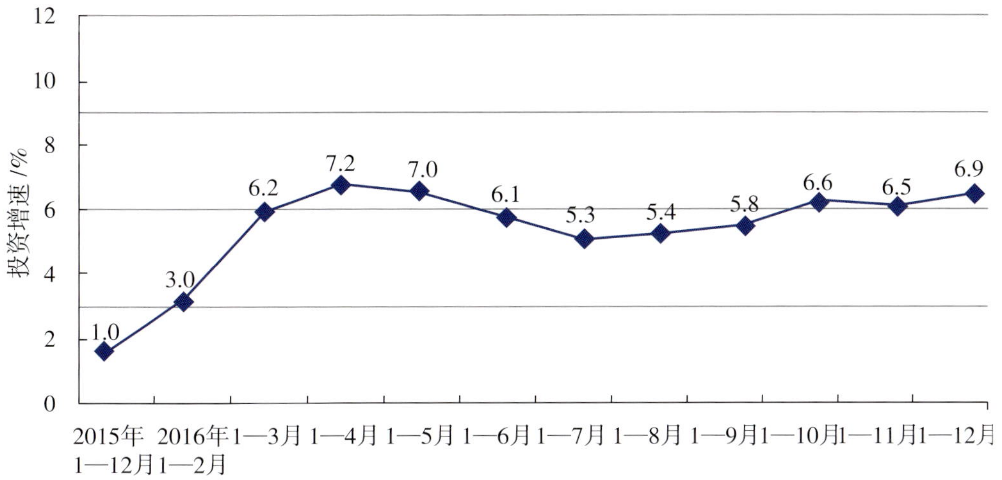

2015年和2016年全国房地产开发投资增速变化情况

2016年1—12月，房地产开发企业房屋施工面积758975万平方米，比上年增长3.2%，增速比1—11月提高0.3个百分点。其中，住宅施工面积521310万平方米，增长1.9%。房屋新开工面积166928万平方米，增长8.1%，增速提高0.5个百分点，其中住宅新开工面积115911万平方米，增长8.7%。房屋竣工面积106128万平方米，增长6.1%，增速回落0.3个百分点，其中住宅竣工面积77185万平方米，增长4.6%。

2016年1—12月，房地产开发企业土地购置面积22025万平方米，比上年下降3.4%，降幅比1—11月收窄0.9个百分点；土地成交价款9129亿元，增长19.8%，增速回落1.6个百分点。

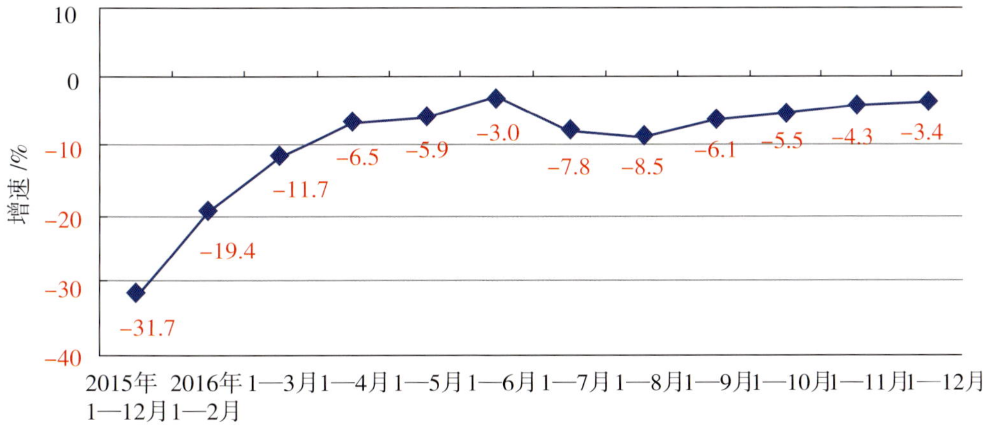

2015年和2016年全国房地产开发企业购置土地面积增速变化情况

2. 商品房销售情况

2016年1—12月，商品房销售面积157349万平方米，比上年增长22.5%，增速比1—11月回落1.8个百分点。其中，住宅销售面积增长22.4%，办公楼销售面积增长31.4%，商业营业用房销售面积增长16.8%。商品房销售额117627亿元，增长34.8%，增速回落2.7个百分点。其中，住宅销售额增长36.1%，办公楼销售额增长45.8%，商业营业用房销售额增长19.5%。

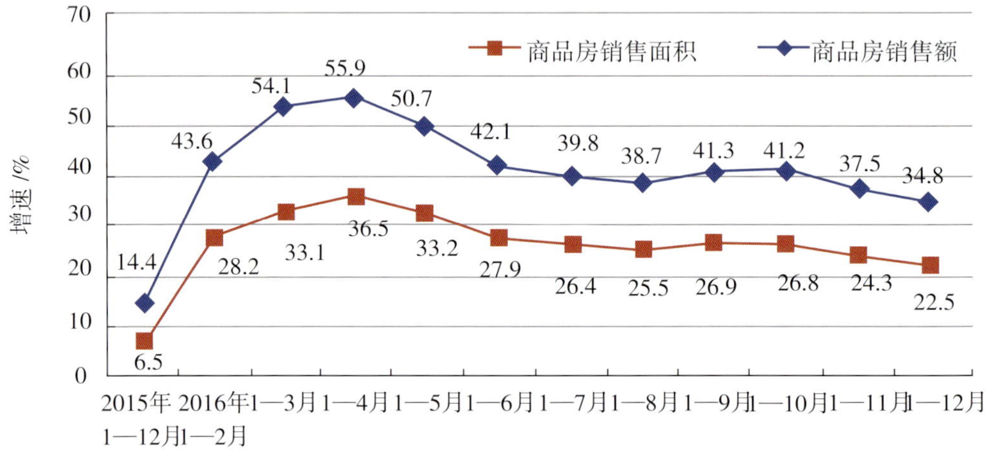

2015年和2016年全国商品房销售面积及销售额增速变化情况

3. 房地产开发企业资金情况

2016年1—12月，房地产开发企业到位资金144214亿元，比上年增长15.2%，增速比1—11月提高0.2个百分点。其中，国内贷款21512亿元，增长6.4%；利用外资140亿元，下降52.6%；自筹资金49133亿元，增长0.2%；其他资金73428亿元，增长31.9%。在其他资金中，定金及预收款41952亿元，增长29.0%；个人按揭贷款24403亿元，增长46.5%。

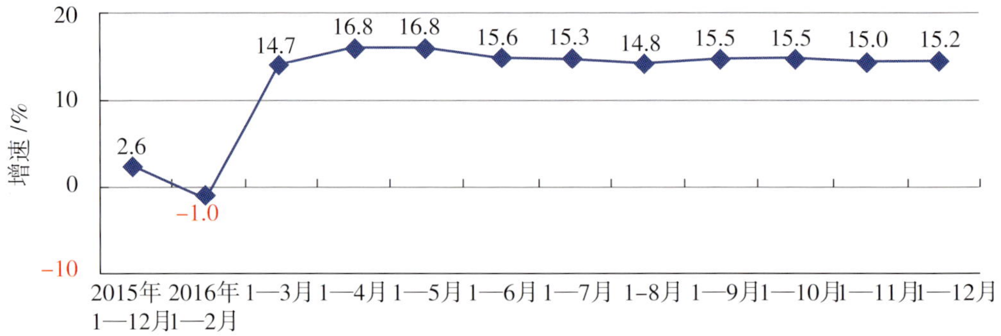

2015年和2016年全国房地产开发企业成本到位资金增速变化情况

当前，房地产市场两极分化现象依然十分突出。房价高或房价上涨过快的城市，集中在一线城市、经济发达的二线城市及部分环一线城市。2016年，楼市最重要的主题无疑是“因城施策”：楼市库存高的城市主打去库存，而在一线楼市及热点二、三线楼市，抑制房价过快上涨则成为重要任务。对于购房需求量大、房价上涨过快的城市，增加土地供应、控制地价成为稳定房价的重要举措，多个城市出台的新政条例中，适当增加土地供应成为重要的一点。而在抑制地价方面，苏州的土地熔断，广州、深圳的限地价竞配建，北京的竞自持比例，合肥的限地价再摇号，都是为抑制房价做出的大胆尝试。2016年9月30日开始，北京、上海、广州、深圳、天津等21个城市集中出台楼市限贷限购政策，加码房地产调控。年底中央再次释放出“房子是用来住的，不是用来炒的”强烈信号，未来将重点对投机性炒房进行有力遏制，热点城市的房价与成交量双双回落，楼市或在2017年迎来新一轮降温。

中央再提楼市调控长效机制短期和长期相结合

中共中央总书记、国家主席、中央军委主席、中央财经领导小组组长习近平主持召开中央财经领导小组第十五次会议。习近平指出，建立促进房地产市场平稳健康发展长效机制，要充分考虑到房地产市场特点，紧紧把握“房子是用来住的、不是用来炒的”的定位，深入研究短期和长期相结合的长效机制和基础性制度安排。习近平指出，要完善一揽子政策组合，引导投资行为，合理引导预期，保持房地产市场稳定。要调整和优化中长期供给体系，实现房地产市场动态均衡。

这也是近期内中央再次提及房地产长效机制。2016年12月16日结束的中央经济工作会议明确，要坚持“房子是用来住的、不是用来炒的”的定位，综合运用金融、土地、财税、投资、立法等手段，加快研究建立符合国情、适应市场规律的基础性制度和长效机制，既抑制房地产泡沫，又防止出现大起大落。

“短期主要体现在交易环节调控，长期主要体现在持有环节调控。”中原地产首席市场分析师张大伟对第一财经分析，短期就是抑制房价持续暴涨，主要特征是限，包括限价、限购、限贷等交易环节调控；长期机制就是调整住房合理需求，恢复房子居住属性在价格中的占比，主要特征就是持有环节调控，例如房地产税的变化。

上海易居房地产研究院智库中心总监严跃进分析，要实现短期和长期的长效机制和制度性安排，其含义在于限购等政策要为供给侧结构性改革提供更好的缓冲期，同时一些中长期政策的陆续出台要能够更好地维护短期政策的效应。

“‘刹车’不能踩太久，光靠需求侧调控也远远不够。”万科总裁郁亮接受《人民日报》专访时说，房地产业要实现长期健康发展，关键在于利用踩“刹车”后的宝贵时机，建立长效机制、增加有效供给。

——《第一财经日报》，2017年3月2日

三、矿产资源经济形势

我国主要矿业行业指数都出现不同程度回升，翘尾态势坚决；主要矿产品进口量均呈增长态势，价格在相对底部整体回升，资源税等供给侧结构性改革成效初步显现。

【1】 矿产资源监测指数出现回升，显示出明显而坚决的翘尾态势

总体来看，2016年以来，我国矿业行业指数的煤炭、有色金属、黑色金属和油气行业指数都出现不同程度回升，显示出明显而坚决的翘尾态势，初步表明我国矿业行业呈现出中长期底部企稳的迹象。

煤炭行业指数：2015年以来，最低值在2015年12月，为116.4，最高值在2016年11月，为130.8，增幅为12.4%。

有色金属行业指数：同期最低值在2015年12月，为165.9，最高值在2016年12月，为178.1，增幅为7.3%。

黑色金属行业指数：同期最低值在2016年2月，为130.8，最高值在2016年12月，为144.3，增幅为10.3%。

油气行业指数：同期最低值在2016年2月，为110.9，最高值在2016年12月，为118.3，增幅为6.7%。

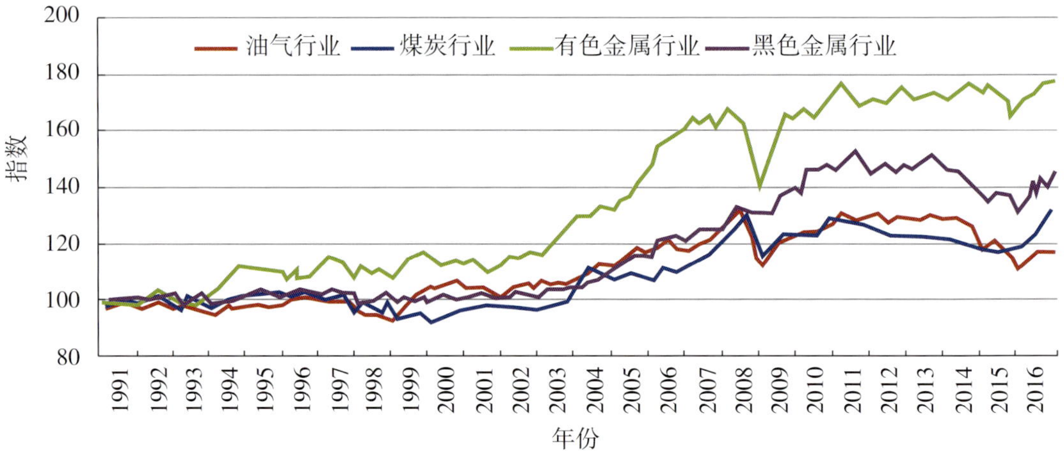

1991—2016年我国矿业行业指数变化情况

【2】天然气、有色金属产量增长，原煤、原油、铁矿石产量下降

2016年，全国天然气产量1366.0亿立方米，累计同比增长7.7%；十种有色金属产量5217.8万吨，累计同比增长2.2%；原煤产量33.4亿吨，累计同比减少7.4%；原油产量2.0亿吨，累计同比减少6.7%；铁矿石产量13.0亿吨，累计同比减少5.7%。

预计未来短期内，煤炭产业集中度有望进一步提高，煤炭企业效益将会有所好转；原油产量还具有一定增长空间，天然气产量保持较快增速；铁矿石产量还会有所下降；十种有色金属产量进一步缓慢增长。

原煤产量显著下降。2016年，全国原煤产量累计为33.4亿吨，比上年减产2.7亿吨，下降7.4%。原煤产量降幅明显，客观反映出国家推动煤炭供给侧结构性改革，实施去产能、降成本、补短板，脱困发展等一系列政策措施，取得了一定成效。预计2017年，国家煤炭主管部门对煤炭市场的调控不会放松，煤炭去产能即将进入去实质产能阶段。伴随煤炭行业的深度调整，煤炭产业集中度有望进一步提高，煤炭企业效益将会有所好转。

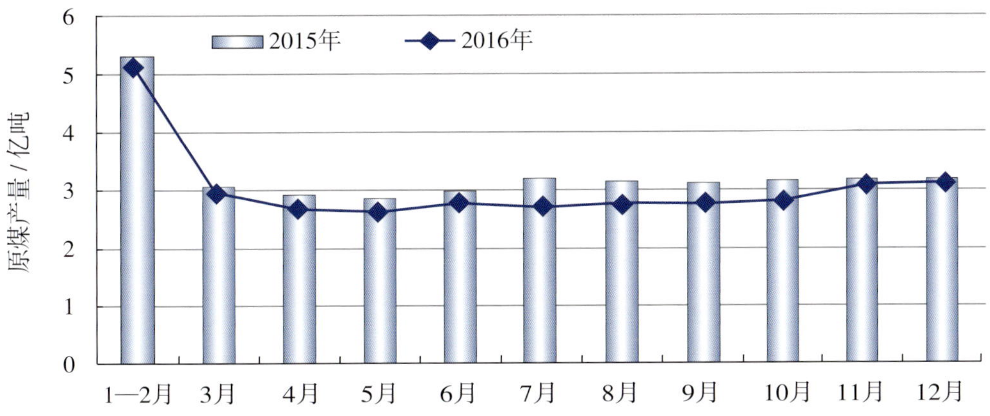

2015年和2016年我国原煤月度产量变化情况

数据来源：煤炭运销协会

原油减产，天然气增产。2016年，全国原油产量累计2.0亿吨，比上年减少0.1亿吨，下降6.7%；全国天然气产量累计1366.0亿立方米，比上年增加97.1亿立方米，增长7.7%。原油减产主要是各大石油公司为了减少亏损，不同程度上采取了减产措施。天然气增产主要是原有气田增产和新气田投产这两个利好因素的推动。预计2017年，伴随我国能源消费结构的优化及清洁能源比例的快速上升，天然气产量将继续保持增长态势；原油产量还具有一定的增长空间，但增产与否在很大程度上取决于国际油价的变化。

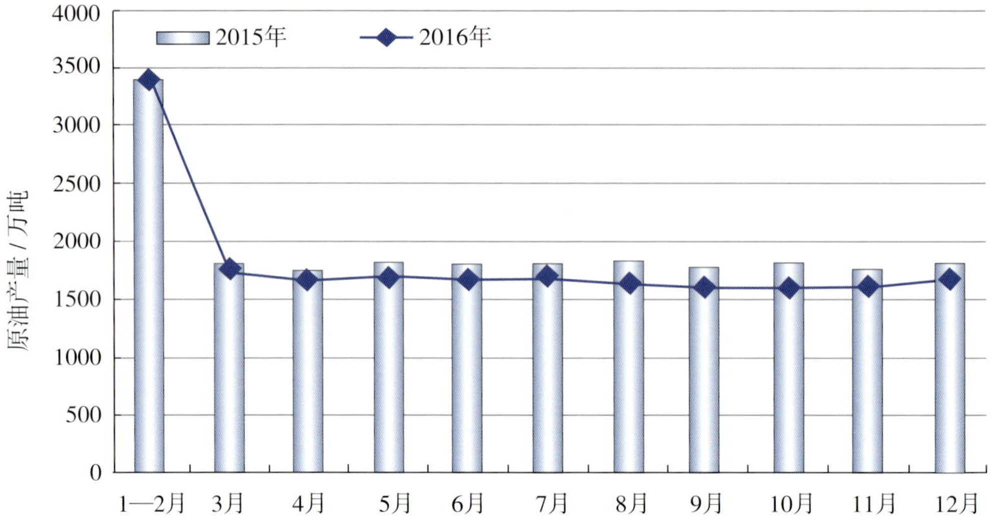

2015 年和 2016 年我国原油月度产量变化情况

数据来源：国家统计局

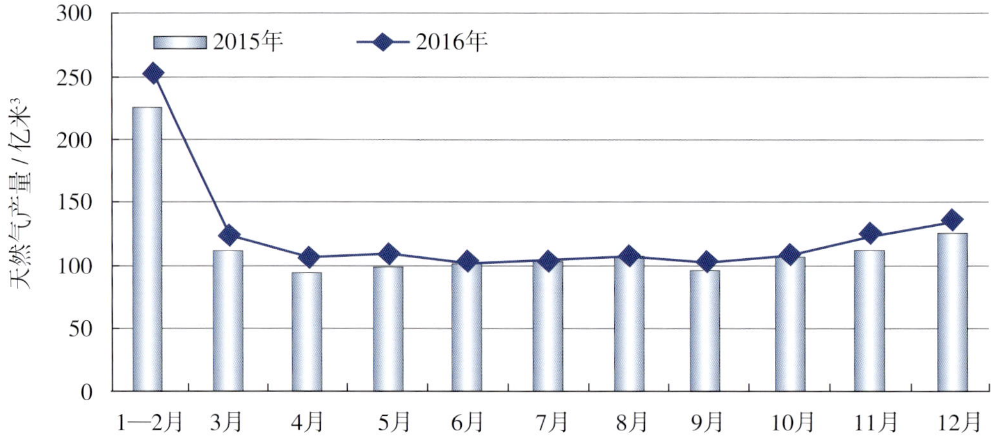

2015 年和 2016 年我国天然气月度产量变化情况

数据来源：国家统计局

“一带一路”油路规划

- “一带一路”油路主要覆盖三大地区：上合组织内的中亚诸国、俄罗斯和中国，东盟“10+3”内的10个东南亚国家和中、日、韩三国，南亚五国（印度、巴基斯坦、孟加拉、缅甸和阿富汗）。各国油气产业独具特色，共同主导“一带一路”油路的兴亡。
- 中国是“一带一路”油路的引擎。中国是“一带一路”倡议的发起者，国内拥有巨大且有潜力的油气消费市场，在未来较长时期内被看好。2015 年 4 月起中国超越美国成为全球最大原油净进口国。没有中国市场，“一带一路”油路的未来便会丧失驱动力。

- 俄罗斯是“一带一路”油路的着力点。俄罗斯天然气储量居世界第一位，石油储量居世界第八位，在“资源为王”的年代，敢跟美国和西欧叫板的也只有俄罗斯。近两年俄罗斯面向亚洲国家大尺度开放国内油气开发市场，俄亚油气上游项目合作突飞猛进。
- 中亚六国是“一带一路”油路的立足点。哈萨克斯坦有油，土库曼斯坦有天然气，阿塞拜疆既有油又有气，乌兹别克斯坦、塔吉克斯坦、吉尔吉斯斯坦虽然缺油少气，却是主要油气管道过境国，少了谁，“一带一路”油路建设都会大打折扣。
- 南亚五国是“一带一路”油路的提升点。南亚地区长期以来不受重视，一方面因为该地区油气资源基础薄弱，另一方面因为印度作为南亚地区的核心国家一直视中国为最大潜在竞争对手。2015年5月，印度总理穆迪访华后情形有所改观。“一带一路”油路建设需要印度的参与，中印联手共建涵盖南亚和中国的油气供应保证体系，印度油气供应体系安全顺畅了，中国油气保障体系才能真正持久安全。

铁矿石产量在2015年首次下降基础上继续下降。2016年，全国铁矿石产量累计13.0亿吨，比上年减少0.7亿吨，下降5.7%。与此同时，生铁产量7.0亿吨，累计同比增长0.7%；粗钢产量8.1亿吨，累计同比增长1.2%；钢材产量11.4亿吨，累计同比增长2.3%。我国铁矿石产量下降的主要原因是国家化解钢铁产能过剩的举措取得了一定成效。由于铁矿石市场供大于求的矛盾未有明显改观，预计2017年，铁矿石需求形势不乐观，后期钢铁产量仍会有所下降。

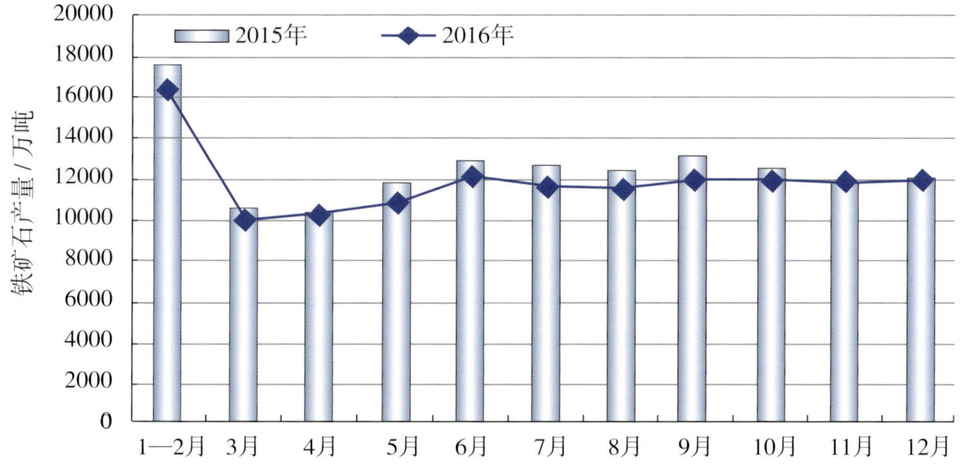

2015年和2016年我国铁矿石月度产量变化情况

数据来源：国家统计局

十种有色金属继续增产，增幅下滑。2016年，全国十种有色金属产量累计5217.8万吨，比上年增加112.6万吨，增长2.2%，增幅较上年同期降低了3.3个百分点。与此同时，全国原铝产量3187.3万吨，累计同比增长1.3%；全国精炼铜产量843.6万吨，累计同比增长6.0%；精炼锌产量627.3万吨，累计同比增长2.0%；精炼铅产量466.5万吨，累计同比增长5.7%。目前，全球经济仍处于金融危机后深度调整期，发达国家经济复苏疲软，主要新兴工业体经济增速下滑，新常态下我国经济下行压力依然较大，预计2017年，我国十种有色金属产量将进一步缓慢增长。

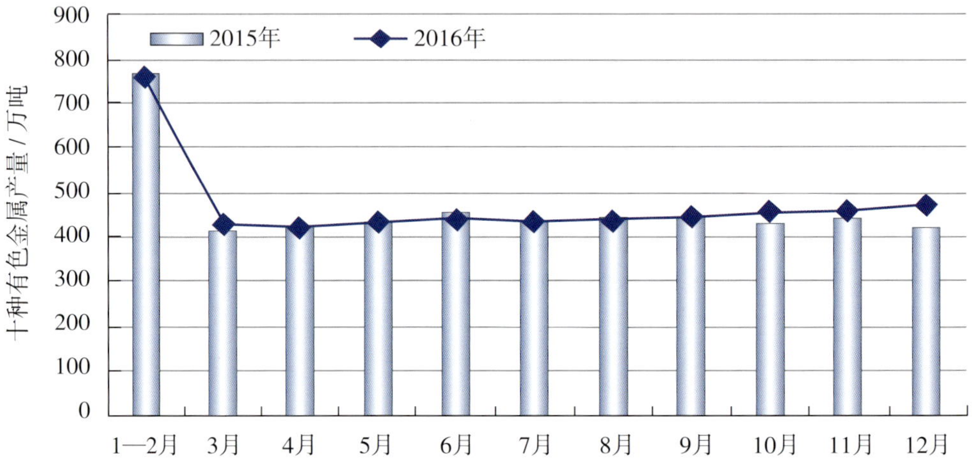

2015年和2016年我国十种有色金属月度产量变化情况
数据来源：国家统计局

【3】除氧化铝外，其他主要矿产品进口量均呈增长态势

2016年，我国煤炭进口量2.6亿吨，累计同比增长25.2%；原油进口量3.8亿吨，累计同比增长13.5%；铁矿石进口量10.2亿吨，累计同比增长7.5%；铜精矿进口量1705.2万吨，累计同比增长28.0%；氧化铝进口量302.6万吨，累计同比减少35.0%。

预计未来短期内，煤炭进口量将会缩减；原油进口量增幅回落；中低品位铁矿石进口量下降，高品位铁矿石进口量有所上升；铜精矿进口量继续保持两位数的增速；氧化铝进口量将会回升。

煤炭进口量大增。2016年，全国煤炭（煤及褐煤）进口量累计2.6亿吨，比上年增加5148.6万吨，增长25.2%；与此同时，煤炭进口额累计为140.9亿美元，比上年增加20.0亿美元，增长16.5%。煤炭进口量大增，主要由于国内强势去产能、压产量导致煤炭供应收缩，煤炭价格上涨，进而增强了进口煤的价格竞争力。预计2017年，在煤炭需求疲软、供应过剩的基本面没有明显改善的情况下，煤炭进口量不会大幅增长；如果2017年能够执行合理的政策，国内供应偏紧格局将得到缓解，进口量也将有所回落，甚至有可能出现10%左右的负增长。

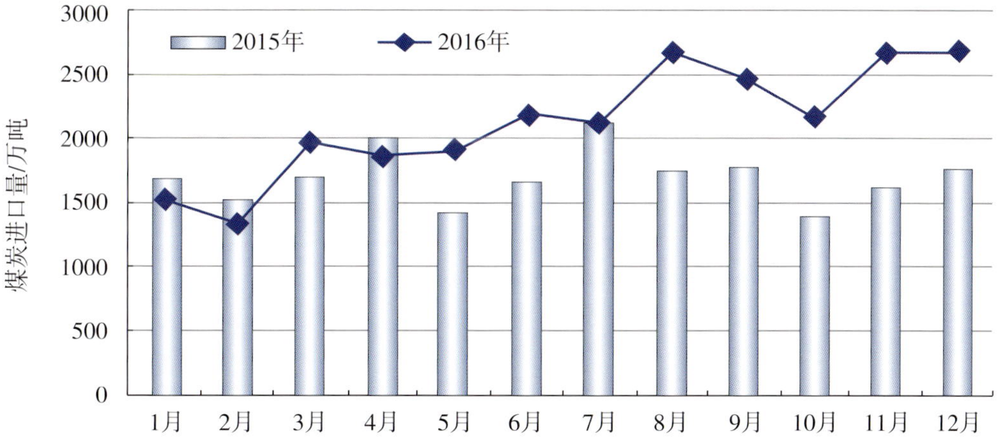

2015 年和 2016 年我国煤炭月度进口量变化情况

数据来源：海关总署

原油进口量持续增长，成品油进口量持续下降，进口金额显著降低。2016 年，全国原油进口量累计 3.8 亿吨，比上年增加 4554.9 万吨，增长 13.5%；受国际油价下跌的影响，原油进口额累计 1153.1 亿美元，比上年减少 188.4 亿美元，下降 14.0%。与此同时，海关口径的统计数据显示，全国成品油进口量累计 2787.0 万吨，比上年减少 206.9 万吨，下降 6.9%；成品油进口额累计 111.2 亿美元，比上年减少 32.3 亿美元，下降 22.5%。原油进口量增长的原因：一是国内石油企业更少开采原油，取而代之以更便宜的进口原油；二是地方炼油企业原油进口权放开后，原油进口量突增。伴随油价走跌状况逐步缓解，预计 2017 年我国原油进口量仍会增长，但增幅将会回落。

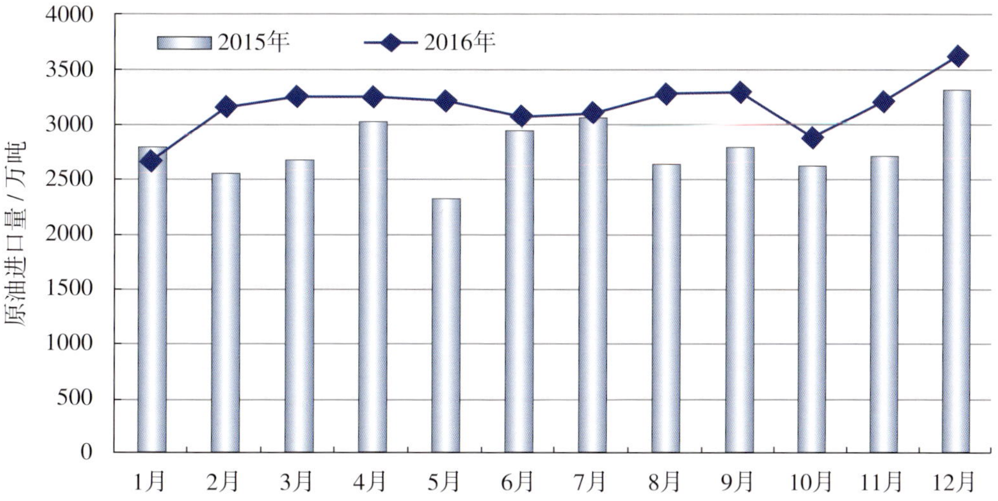

2015 年和 2016 年我国原油月度进口量变化情况

数据来源：海关总署

铁矿石进口量回升，进口额下降。2016年，全国铁矿石（铁矿砂及其精矿）进口量累计10.2亿吨，比上年增加7134.0万吨，增长7.5%；受国际铁矿石价格走低的影响，铁矿石进口额累计567.9亿美元，比上年减少11.6亿美元，下降2.0%。虽然全年统计数据显示铁矿石进口量有所回升，但由于进口铁矿石库存居高不下，后期铁矿石进口量回升乏力。从港口库存结构来看，铁矿石库存以中低品位为主，高品位资源偏紧，预计2017年，中低品位铁矿石进口量还会下降，高品位铁矿石进口量有所上升。

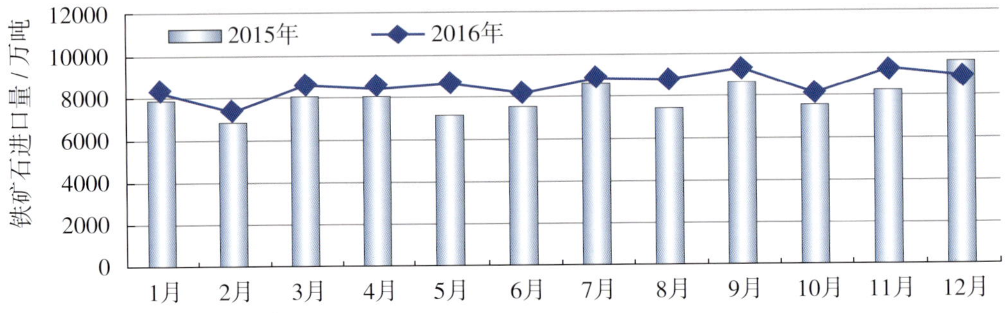

2015年和2016年我国铁矿石月度进口量变化情况

数据来源：海关总署

铜精矿进口量大幅增长。2016年，全国铜精矿进口量累计1705.2万吨，比上年增加373.3万吨，增长28.0%；全国铜精矿进口额累计205.2亿美元，比上年增加10.8亿美元，增长5.5%。铜精矿进口量大幅增长，一方面，由于国内铜冶炼产能、产量不断扩张，对于铜精矿的需求量节节攀升；另一方面，由于国内铜矿产量增速相比需求增速较为缓慢，加之国内铜矿生产成本高于国外矿山，减产关停现象普遍，进口需求不断扩大。预计2017年，在铜精矿供需缺口扩大、国内铜矿产量难以大幅增长的现实条件下，铜精矿进口量仍将保持两位数的增长速度。

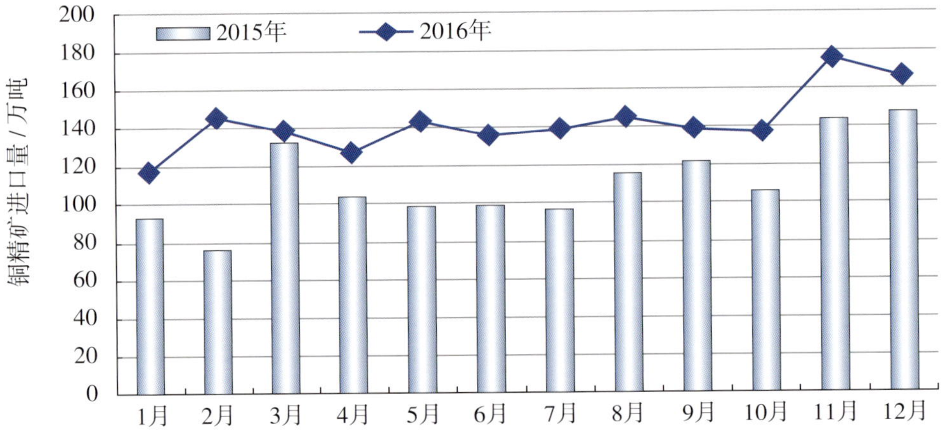

2015年和2016年我国铜精矿月度进口量变化情况

数据来源：海关总署

氧化铝进口量下降。2016年，全国氧化铝进口量累计302.6万吨，比上年减少162.7万吨，下降35.0%；全国氧化铝进口额累计8.7亿美元，比上年减少7.6亿美元，下降46.6%。氧化铝进口量下降主要由于前期氧化铝企业库存的积累给市场带来巨大压力。国内氧化铝市场整体处于供应短缺的状态，因此，预计2017年氧化铝进口量将会回升。

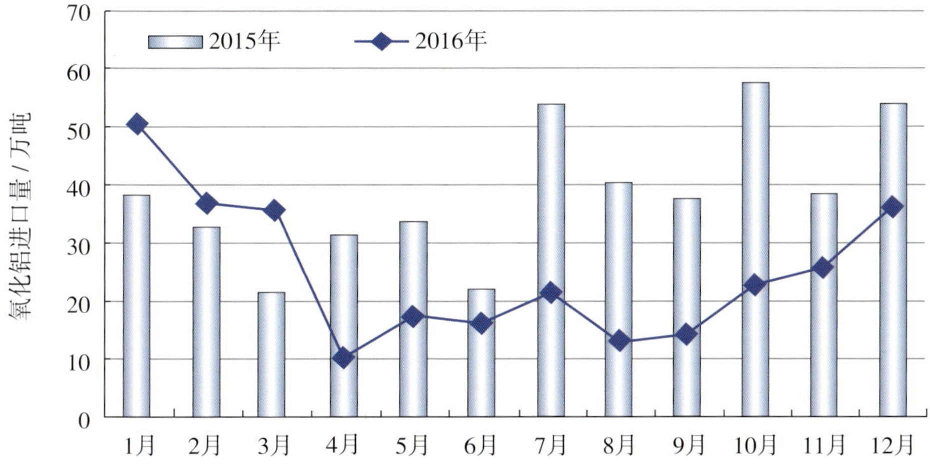

2015年和2016年我国氧化铝月度进口量变化情况

数据来源：海关总署

【4】除铜金属、稀土产品外，其他主要矿产品价格在相对底部基础上整体回升

2016年，主要矿产品价格在2015年相对底部基础上反弹，能源价格回升，铁矿石价格开始上扬，基本金属价格纷纷上涨，黄金价格震荡上行，铜金属价格持续低位波动，主要稀土产品价格低位徘徊。

预计未来短期内，动力煤价格将会波动性缓慢增长，国际原油价格开始上涨，铁矿石价窄幅波动，铜金属价格持续弱势震荡，基本金属价格涨幅回落，稀土产品价格颓势有所好转，黄金价格缓慢上涨。

国内外煤炭价格大幅上升。洲际交易所理查德动力煤现货价（折人民币）从2016年1月7日的347元/吨涨至12月16日的573元/吨，涨幅为65.1%。渤海商品交易所动力煤现货价从1月7日的322元/吨涨至12月16日的520元/吨，涨幅为61.5%。国内煤炭价格上涨的原因有三个：一是去产能效果逐步显现；二是煤炭需求阶段性恢复增长；三是煤炭补库存增加。预计2017年，我国动力煤价格将呈波动性缓慢增长走势，价格在480～600元/吨区间内波动。

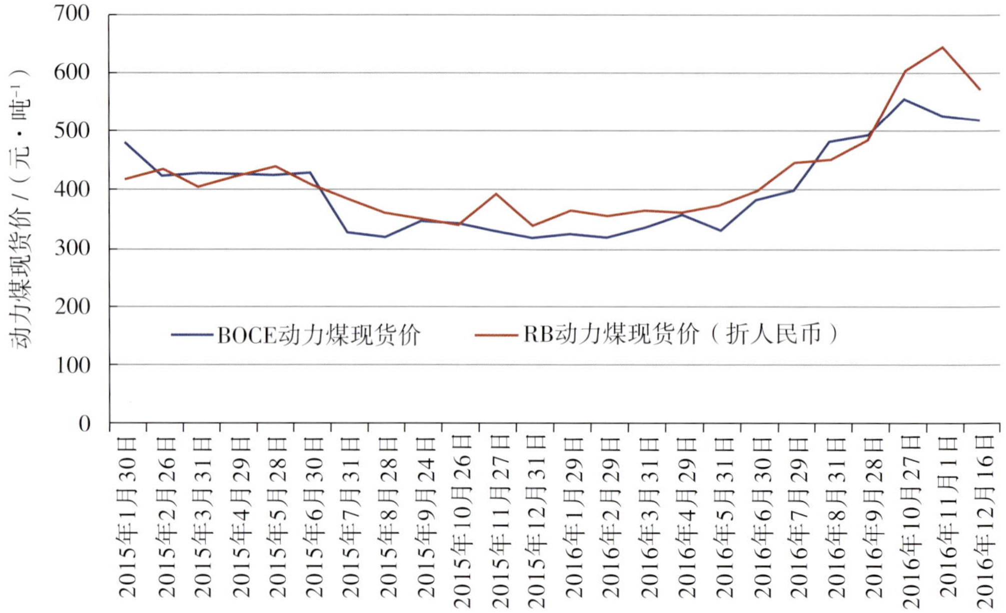

2015—2016 年国内外动力煤价格走势

数据来源：渤海商品交易所；Wind 资讯

国际原油价格筑底后开始震荡回升。2016 年 1 月，国际原油价格一度跌至过去 7 年以来的历史最低位，随后开始震荡上扬。布伦特原油（DTD）月均现货价从 1 月的 30.70 美元 / 桶涨至 12 月的 54.42 美元 / 桶，涨幅为 77.3%。纽约商品交易所轻质原油（WTI）月均现货价从 1 月的 31.51 美元 / 桶涨至 12 月的 52.38 美元 / 桶，涨幅为 66.2%。欧佩克会议达成的限产协议将对短期油价构成重要支撑，如果该协议得以切实履行，预计 2017 年国际油价将会上涨。

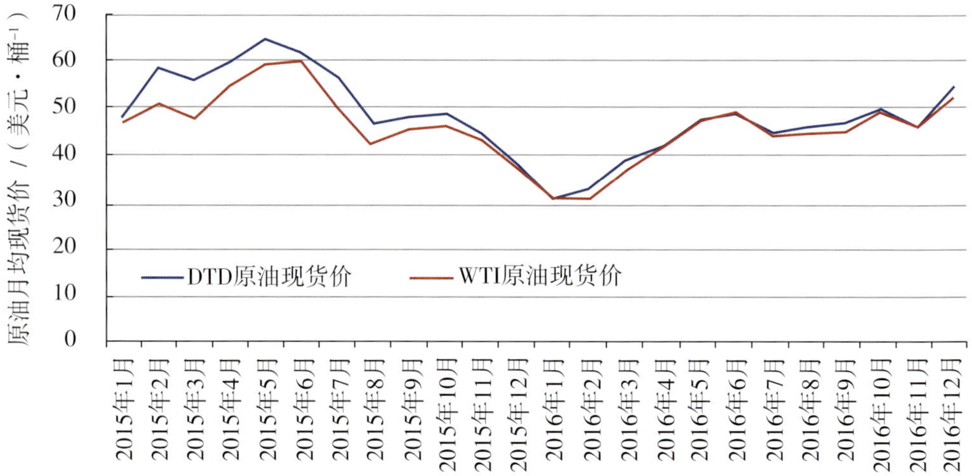

2015—2016 年国际原油价格走势

数据来源：Wind 资讯

铁矿石价格开始上扬。2016年，62%品位的国产铁矿石价格从1月4日的440.01元/吨升至12月30日的651.63元/吨，涨幅为48.1%。62%品位的进口铁矿石价格从1月4日的358.33元/吨升至12月30日的675.76元/吨，涨幅为88.6%。铁矿石价格上扬主要是因为国家积极化解钢铁产能过剩的措施取得一定成效。基于全球铁矿石供过于求，以及大型铁矿石生产商不减产并在低价环境中保持赢利的策略，进口铁矿石价格后期将呈窄幅波动走势。

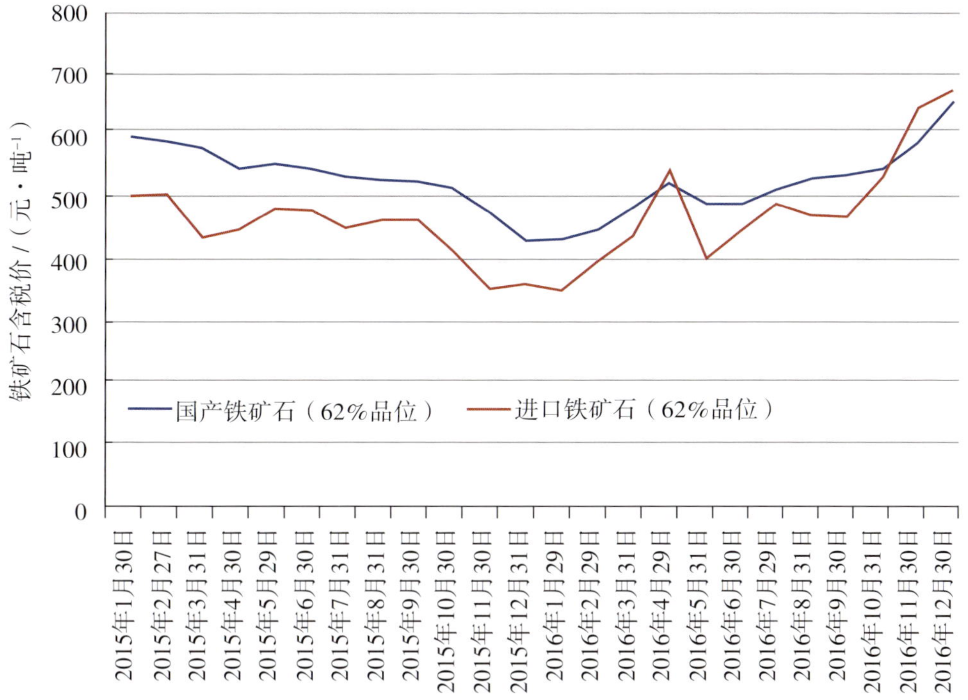

2015—2016年铁矿石价格走势

数据来源：中国钢铁工业协会

国内外铜价持续低位波动。2016年，渤海商品交易所阴极铜现货价从1月13日的34035元/吨升至10月17日的38423元/吨，增幅为12.9%。伦敦金属交易所LME铜现货价（折人民币）从1月13日的30222元/吨升至12月30日的37957元/吨，增幅为25.6%。国内外经济形势迫使铜金属产业从规模扩张向创新驱动转变，预计2017年，国内外铜价仍将延续弱势震荡态势，长期内铜价走势则较为乐观。

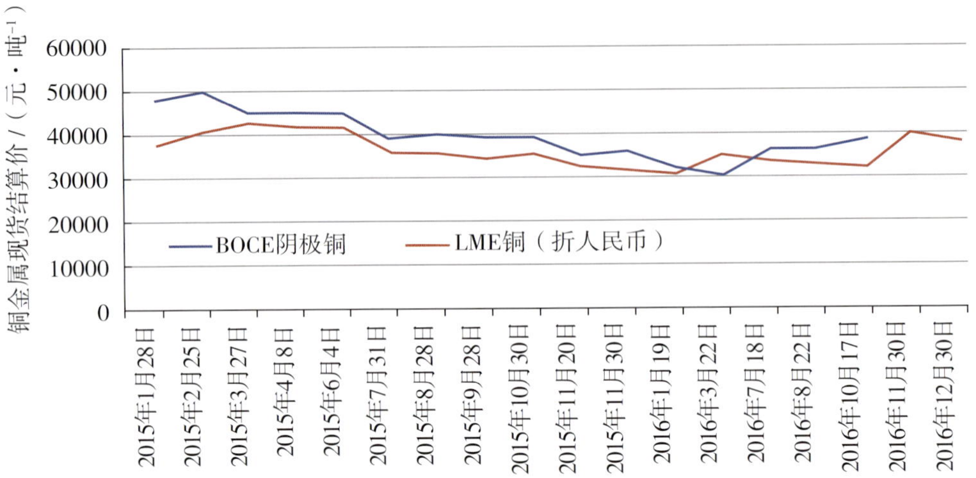

2015—2016 年国内外铜金属价格走势

数据来源：渤海商品交易所；伦敦金属交易所

基本金属价格纷纷上涨。2016 年 1 月 4 日，伦敦金属交易所（LME）锡、镍、铝、锌、铅的现货价分别为 14560 美元 / 吨、8515 美元 / 吨、1466 美元 / 吨、1554 美元 / 吨、1762 美元 / 吨；12 月 30 日，（LME）锡、镍、铝、锌、铅的现货价分别为 21100 美元 / 吨、10010 美元 / 吨、1714 美元 / 吨、2563 美元 / 吨、1985 美元 / 吨。5 种基本金属的现货价格均呈现上升态势，涨幅分别为 44.9%、17.6%、16.9%、64.9%、12.7%，其中，锌的现货价增幅最为明显。国际需求增加是基本金属价格上涨的主要原因。在经历价格暴涨之后，市场已冲至高位，投机资金获利出逃概率增加，预计 2017 年基本金属价格上涨的动力将持续减弱，涨幅也将回落。

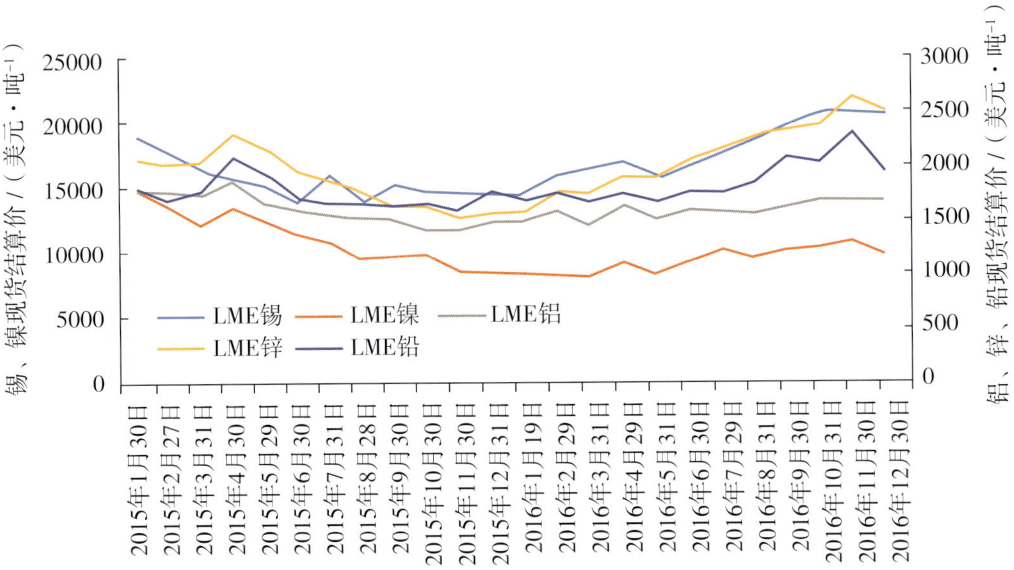

2015—2016 年 LME 基本金属现货结算价走势

数据来源：伦敦金属交易所

主要稀土产品价格低位徘徊。2016年1月4日，氧化钕、金属钕、氧化铈价格分别为25.6万元/吨、31.5万元/吨、1.0万元/吨，12月30日，上述稀土产品的价格分别为25.9万元/吨、33.8万元/吨、1.3万元/吨，一直处于低位徘徊状态，未见明显起色。稀土产品价格低位徘徊的主要原因是受利益驱使，非法开采、无计划生产、买卖非法稀土产品等问题仍时有发生，一些地方还比较严重。伴随工业和信息化部、公安部等八部门再度联手，在全国开展打击稀土违法违规行为专项行动，预计2017年稀土贱卖问题将得到缓解，稀土价格颓势有望扭转，稀土产品价格将会提升。

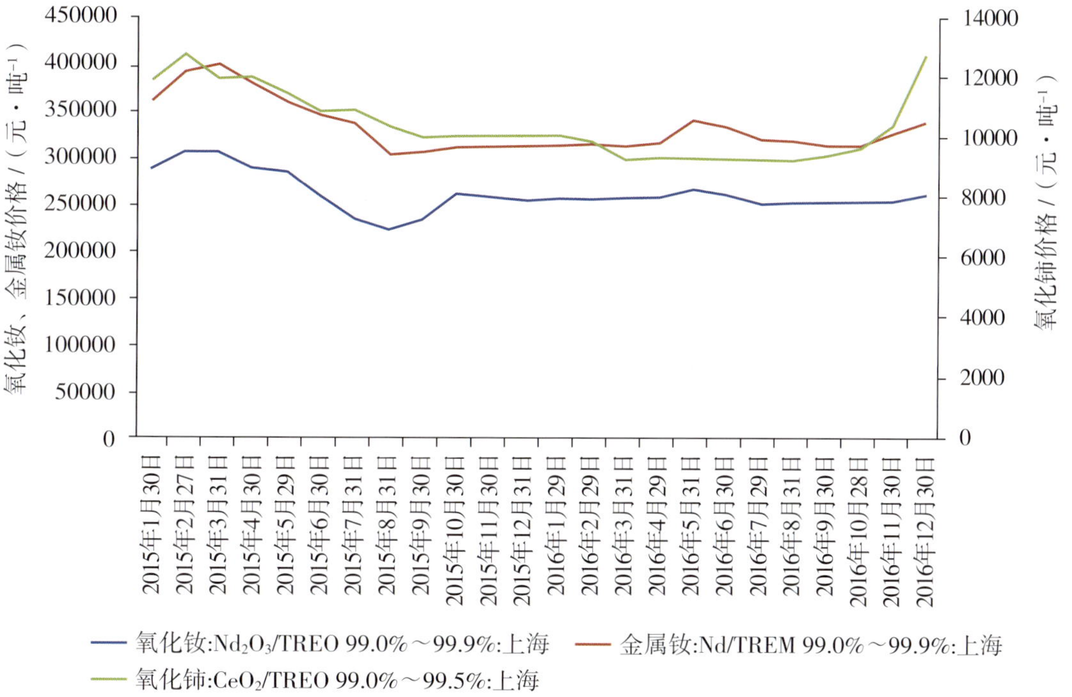

2015—2016年主要稀土产品价格走势

数据来源：Wind资讯

黄金价格震荡上行。自2012年9月起，黄金价格总体表现为持续下跌。2016年黄金价格一改三年多来价格下跌的局面，开始震荡上行。2016年1月4日，上海黄金交易所黄金（Au9995）现货收盘价为224.79元/克，12月30日，黄金（Au9995）现货收盘价升至264.50元/克，较年初上涨了39.71元/克，涨幅为17.7%。2016年上半年黄金价格走势非常抢眼，下半年一直在窄幅震荡，丝毫没有继续向上涨的动力，这与美联储加息预期升温助推美元走强、投机资金撤离等因素有很大关系。不过，受黄金需求保持上涨、新兴国家官方黄金储备增加等因素的推动，预计2017年黄金价格仍呈缓慢上涨态势。

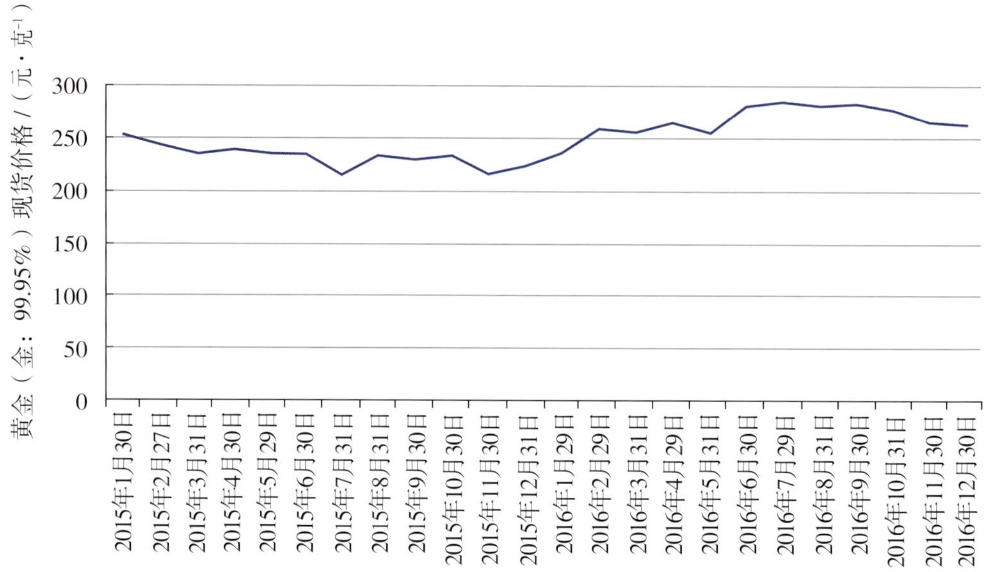

2015—2016 年黄金（金：99.95%）现货价格走势

数据来源：上海黄金交易所

【5】 采矿业固定资产投资下滑明显，分行业固定资产投资变化趋势趋同

采矿业固定资产投资大幅下降。2016 年以来，全国采矿业固定资产投资下降趋势明显，全年各月累计同比降幅都超过 15%，降幅超过上年同期。2016 年，全国采矿业固定资产投资累计 10319.72 亿元，同比下降 20.20%。采矿业固定资产投资额占全社会固定资产投资额的比例为 1.73%，比上年降低 0.62 个百分点。

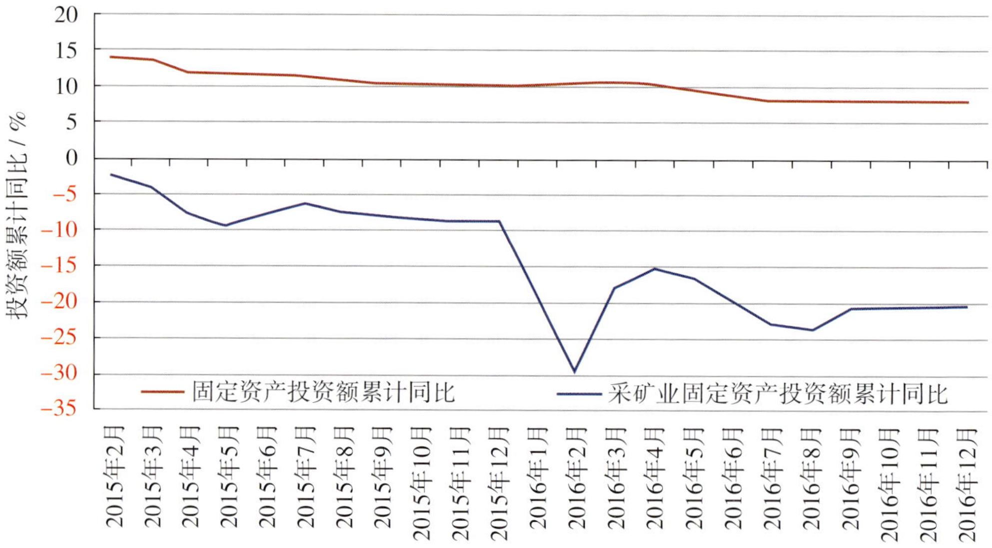

2015 年 2 月—2016 年 12 月我国采矿业固定资产投资变化情况

资料来源：国家统计局

除非金属矿采选业外，其他采矿业分行业固定资产投资额变化趋势趋同。煤炭开采和洗选业、石油和天然气开采业、黑色金属矿采选业固定资产投资额下降幅度显著。

2016年，煤炭开采和洗选业固定资产投资额为3037.68亿元，累计同比下降24.20%；石油和天然气开采业固定资产投资额为2330.97亿元，累计同比下降31.90%；黑色金属矿采选业固定资产投资额为978.32亿元，累计同比下降28.40%；有色金属矿采选业固定资产投资额为1428.72亿元，累计同比下降10.00%。非金属矿采选业固定资产投资情况与其他采矿业分行业不同，全年投资额为2126.24亿元，同比增长1.60%。

目前，国际和国内主流机构对2017年中国经济增速的预期是与2016年持平或增长趋势。2017年1月，IMF将中国2017年经济增速预期从2016年10月的6.2%上调至6.5%，提高了3个百分点。与此同时，中国银行国际金融研究所认为中国2017年经济增速将与2016年基本持平。但是，2017年国内外发展环境和条件更加复杂多变，不确定性因素明显增多。预计2017年采矿业固定资产投资表现将好于2016年水平。

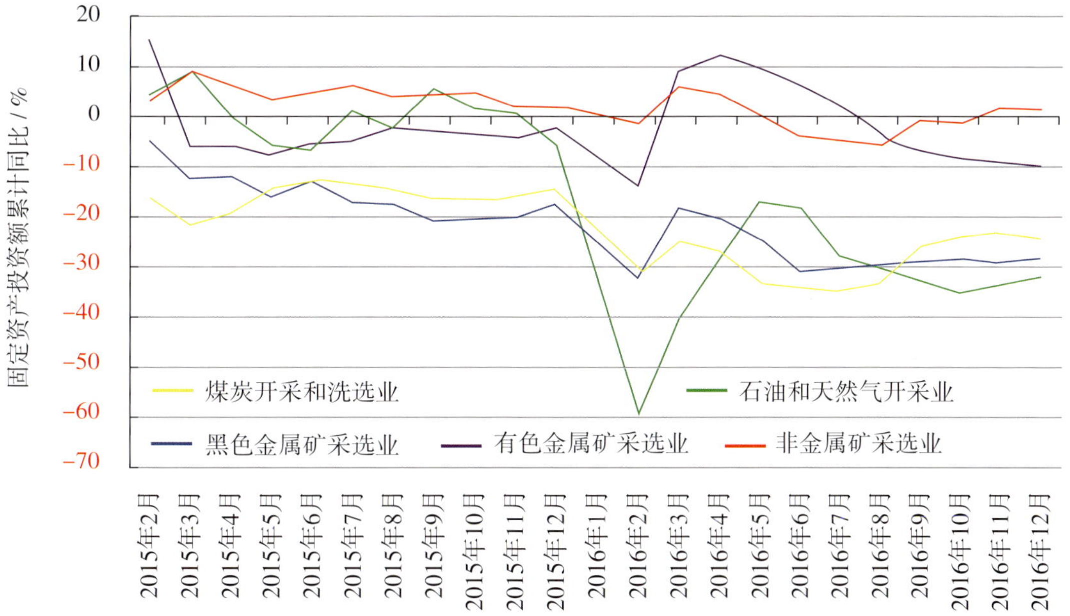

2015年2月—2016年12月我国各类采矿业固定资产投资变化情况

资料来源：国家统计局

【6】国内股市矿业板块总市值增长，矿业股股价分化趋势明显

国内股市矿业板块总市值增长。据中国证券监督管理委员会行业分类统计，截至2016年12月末，采矿业总市值为38250.47亿元，比2015年12月25日增长13.22%。

截至2016年12月30日，煤炭开采、黑色金属采选、石油天然气开采和有色金属采选收盘点数全年总体呈上扬趋势，且上扬幅度明显，分别为13.7%、2.3%、17.8%和44.1%。

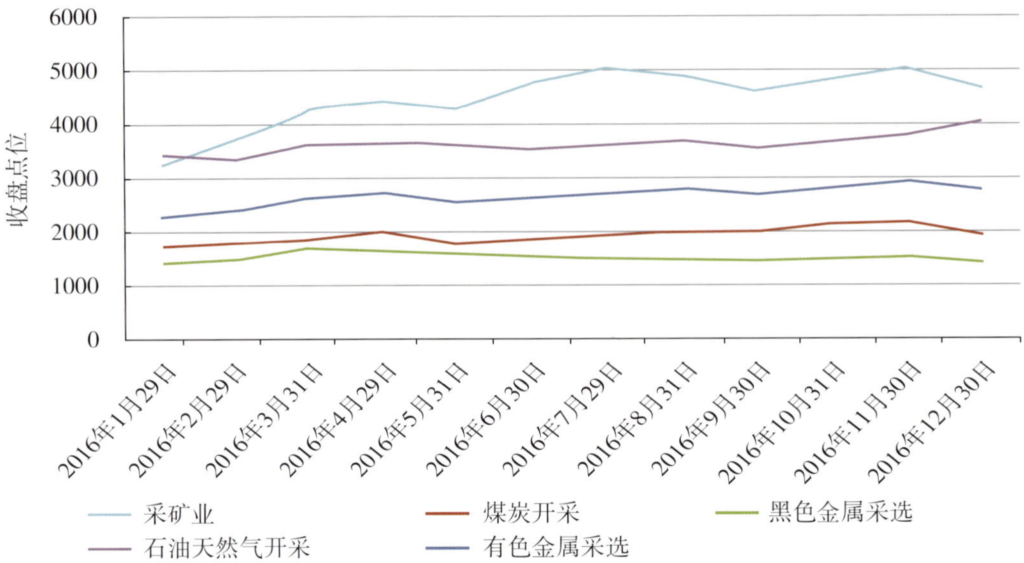

2016 年采矿业股市变化情况

资料来源：上海证券交易所；深圳证券交易所

矿业股行情收益总体上扬。2016 年，所监测的 12 只股票股价变化趋势出现分化。多数呈上扬趋势，其中，山东地矿、驰宏锌锗股价显著上涨，涨幅分别为 56.86% 和 75.89%。中煤能源、中国石油、中海油服、西藏矿业、中国铝业股价下跌，其中西藏矿业股价跌幅最大，为 28.37%。

2016 年矿业板块主要企业行情收益情况

板块	股票名称	监测股价（12 月 7 日）（元·股$^{-1}$）	股价变化 %				流通市值 亿元	总市值 亿元	市盈率 TTM
			11 月 7 日～12 月 7 日	9 月 7 日～12 月 7 日	6 月 7 日～12 月 7 日	1 月 7 日～12 月 7 日			
煤炭板块	中国神华	17.33	−4.73	15.61	28.10	18.35	2858	3343	20.40
	中煤能源	6.19	−7.34	9.95	28.69	−0.16	567	708	2056.71
	兖州煤业	11.94	−7.51	−2.69	26.73	24.75	353	450	118.08
石油板块	中国石油	7.62	4.53	2.02	4.53	−10.39	12338	13370	205.73
	中海油服	13.22	8.54	7.83	6.10	−17.53	391	514	−6.81
	中国石化	5.31	7.27	7.98	13.69	8.94	5074	6335	18.10
钢铁板块	山东地矿	14.98	−9.21	47.01	47.01	56.86	71	71	85.01
	西藏矿业	18.73	−6.07	−8.14	−30.45	−28.37	98	98	354.34
	金岭矿业	9.72	8.36	10.58	29.95	7.88	57	57	−83.82
有色板块	中国铝业	4.62	14.36	17.26	12.41	−8.51	506	631	77.07
	驰宏锌锗	9.20	47.44	41.00	83.91	75.89	397	397	728.43
	中色股份	8.94	3.95	−5.80	5.81	17.69	176	176	58.46

资料来源：上海证券交易所；深圳证券交易所

【7】资源税收入下降，但资源税改革成效初步显现

资源税收入下降。2016年，全国累计征收资源税951.00亿元，同比减少8.10%，占总税收收入的0.73%，低于上年同期0.83%的占比水平。

资源税改革全面推进。2016年5月10日，财政部和国家税务总局发布《关于全面推进资源税改革的通知》（财税〔2016〕53号），自2016年7月1日起全面推进资源税改革。该通知要求，通过全面实施清费立税、从价计征改革，理顺资源税费关系，建立规范公平、调控合理、征管高效的资源税制度，有效发挥其组织收入、调控经济、促进资源节约集约利用和生态环境保护的作用。

资源税征收历程——由"从量计征"到"从价计征"

- 1984年开始对煤炭、石油、天然气3种矿产品征收资源税。
- 1993年12月25日，修订颁布《中华人民共和国资源税暂行条例》。
- 2010年，在新疆进行石油、天然气资源税改革试点；2010年12月1日起，将此项改革推广至西部地区的12个省（自治区、直辖市）；2011年11月1日，将西部地区进行的试点改革推广至全国。
- 2014年12月1日，将煤炭资源税由从量计征改为从价计征。
- 2015年5月1日，稀土、钨、钼资源税清费立税，从价计征改革。
- 2016年7月1日，全面推进资源税改革。

资源税改革成效初步显现。改革效果自2016年9月开始显现，全国资源税收入开始扭转自2015年10月以来的下滑趋势，当月收入同比增长，且增速保持在10%以上。其中，12月全国资源税收入99.28亿元，当月同比增长13.59%。主流机构对2017年矿产品价格走势预期优于2016年水平，资源税改革效果将进一步显现，预计资源税收入与2016年相比将呈现增长趋势。

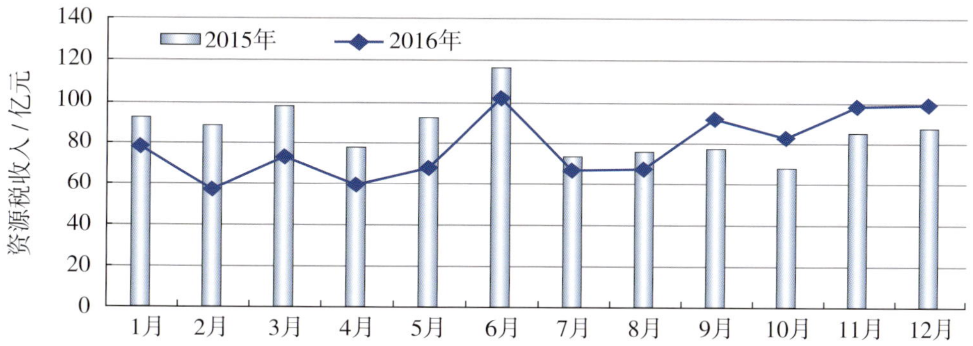

2015年和2016年我国资源税收入变化情况

资料来源：国家统计局

四、地勘经济形势

受矿产品价格短期持续上涨影响，2016年全球地质勘查活动指数呈现起底回暖态势：全球重要钻探公告数达2012年以来的最高值；新增资源的公告数量偏低，但资源价值上升明显。国内社会资金抽离地勘市场，全年非油气地勘投入继续下滑。矿业市场和财政资金投入成为影响地勘经济发展的最主要因素，地勘单位呈现人员结构性过剩。

【1】 全球地勘活动指数起底回暖，显振荡上扬趋势

全球地质勘查活动指数震荡上扬。2012年以来，全球地质勘查活动指数连续4年震荡下行。2016年开始强势反弹，上半年持续上升，下半年震荡上扬，全年最大值出现在11月，为84点，这也是连续44个月以来的最大值。金属价格指数在1—8月持续增长，9月和10月有所回落，11月反弹至108点，为全年最大值，12月回落至103点。全球矿业市值波动较大，2016年下半年与上年同期相比增长明显，11月达到2015年7月以来的最大值，为12200亿美元。

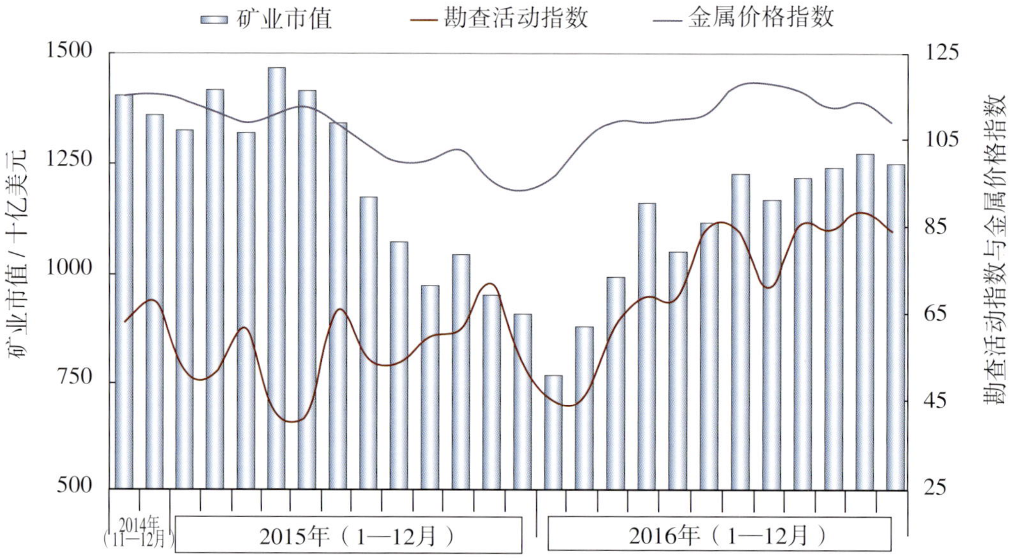

2014—2016年全球地质勘查活动指数变化情况

数据来源：SNL Industry Monitor 报告

全球矿产勘查以黄金、铜、锌、锂、石墨为主流

- 大部分矿产勘查投入下降，但黄金仍然是最重要的勘查矿种，其次是铜、锌。
- 锂矿是全球矿产勘查开发最活跃的矿种之一，2016年，全球锂矿勘查投入同比增长88%，锂矿钻孔数同比增长154%。
- 全球石墨矿勘探非常活跃，2016年钻孔数同比增长126%。

——SNL金属和矿业公司

重要钻探公告数量连创新高。2016年上半年，全球重要钻探公告数量保持2015年低位水平，9—12月与上年同期相比增长明显，其中10月达到2012年以来的最高值，为217项。分矿种来看，金矿、铅锌矿、银矿增长明显，仅金矿就有138项；铜矿、镍矿无明显变化；特殊金属（石墨、稀土金属、锂、铌、钽、钛、钨和铀）有所减少。

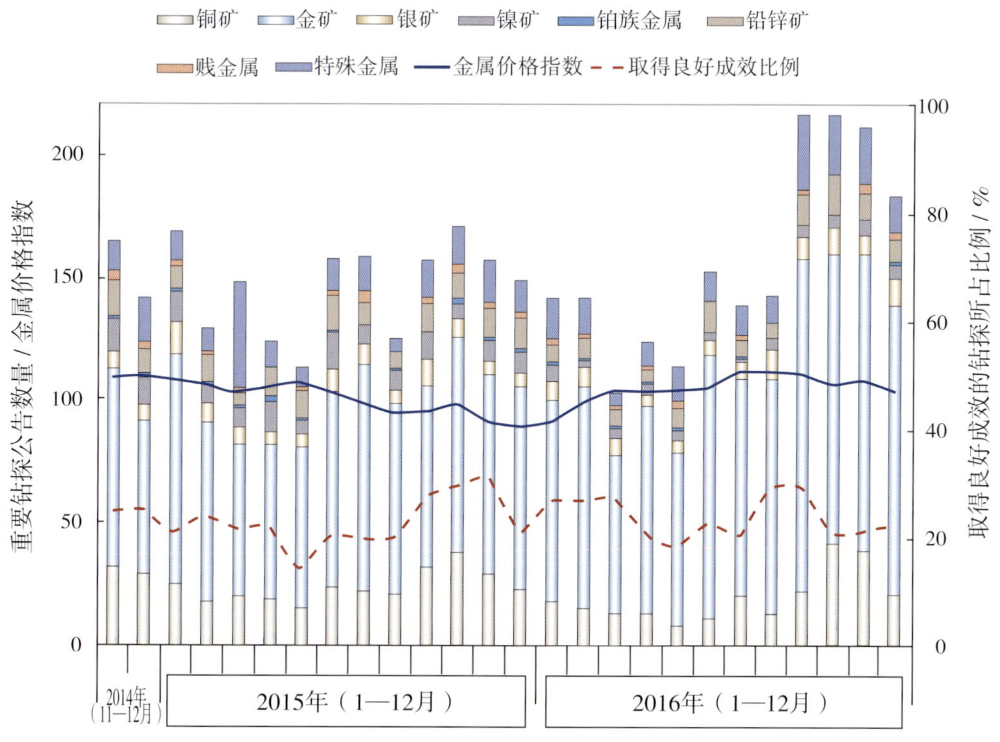

2014—2016年全球重要钻探公告数量变化情况

数据来源：SNL Industry Monitor 报告

新增资源公告情况同比略有增长。2016年1—8月，全球新增资源公告数量和价值低位震荡。9—10月，全球新增资源公告数量继续走低，11—12月有所增长。其中，10月仅有1项公告，但资源价值高达507.3亿美元，创全年最高值，主要归功于艾芬豪矿业与中国紫金矿业合作的Kakula矿区新发现高品位铜矿。

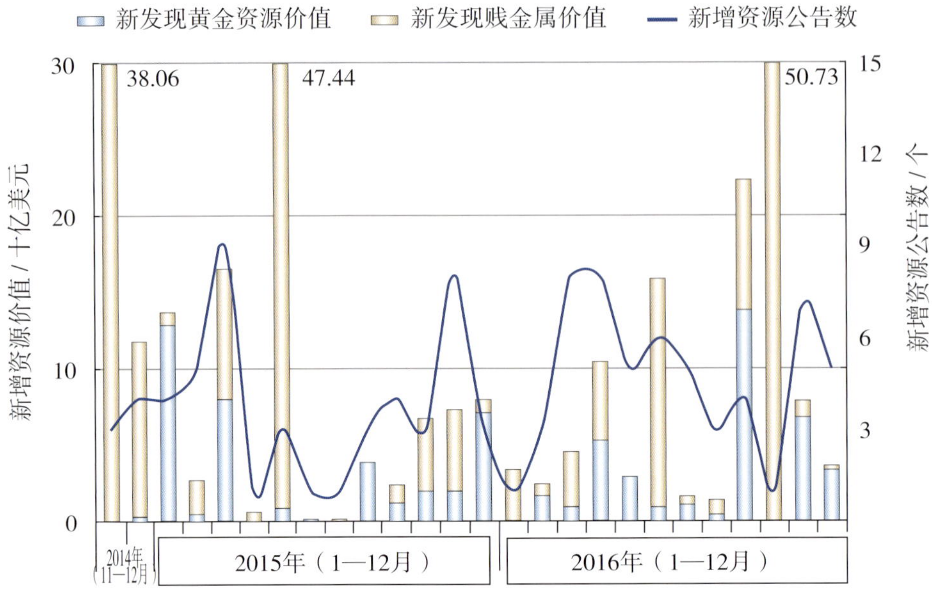

2014—2016 年全球新增资源公告数变化情况

数据来源：SNL Industry Monitor 报告

2017 年全球石油天然气勘探盈利能力回归到两位数

- 2017 年全球投资总额为 400 亿美元左右，与 2016 年持平或进一步减少。
- 目前，更低的成本意味着钻井数会接近 2016 年的数量，而持平的经费预算表明勘探领域将不再削减员工数量。
- 大石油公司和一小部分有实力的独立石油公司还是会钻大部分的井，并保持观望态度。
- 2017 年石油天然气勘探会继续转向更小、更高效的目标，最好的油气发现将来自新圈闭和新地区。

——伍德麦肯兹公司

初级和中级勘查公司融资规模冲高后走低。从融资金额上来看，2016 年 3—7 月，全球初级和中级勘查公司融资出现短期高涨，其中，7 月，初级和中级勘查公司（年营业收入低于 5 亿美元）融资达 14 亿美元，创下近 27 个月的新高。8—12 月，勘查公司融资金额大幅下降。从融资项目的数量上来看，初级和中级勘查公司融资项目数在 2016 年上半年持续上升，在 6 月达到最高值，为 304 项，之后下半年连续 4 个月持续回落，10 月融资项目数仅为 168 项，11—12 月持续增长，12 月增至 248 项。

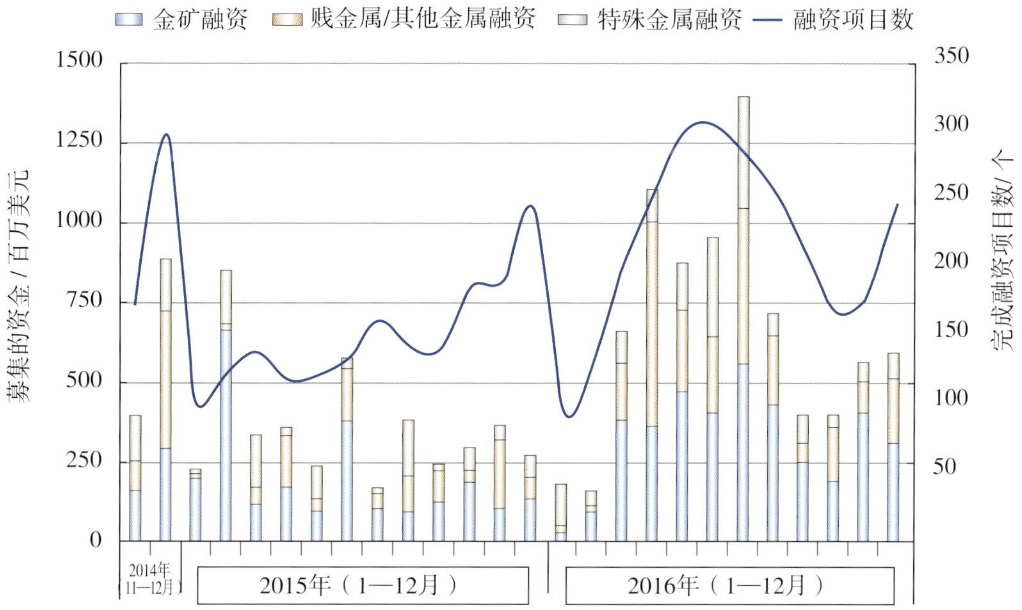

2014—2016 年初级和中级勘查公司融资变化情况

数据来源：SNL Industry Monitor 报告

【2】 全国非油气地质勘查投入继续下行，社会资金减少

全国非油气地质勘查投入继续降低。在国民经济发展增速“换挡减速”背景下，矿业经济持续回暖压力大；我国地质勘查市场经历 10 年快速发展之后，自 2012 年年底开始转向下滑，截至目前，地勘经济的“倒退挡”持续了 4 年。受地质勘查成果处置率低、部分基金项目资金明显减少、企业融资困难、投资预期不强等因素影响，预期 2016 年全年全国非油气地质勘查投入将低于 2009 年的水平，并且在未来 1 ～ 2 年内，地勘投入有进一步下降的可能。

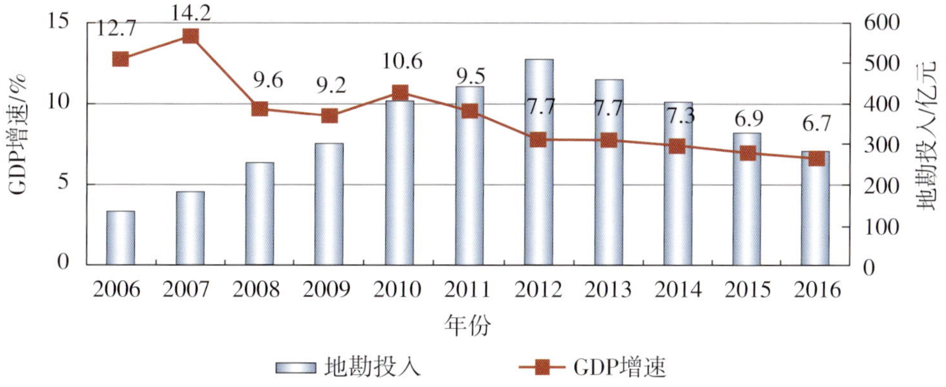

2006—2016 年全国非油气地质勘查投入变化情况

专家评论我国地质勘查市场

“即使全球矿产勘查市场在2017年回暖，国内市场见底回暖的时间，还要推迟一至两年，并且也不可能再回到2009年至2012年的那种不正常的疯狂状态。”

- 过去几年，支撑勘查繁荣的财政基金项目，成果处置率低，资金池已干涸，原来设定的投资循环已无法持续。
- 国内投资体制的改革，不允许财政资金再投向矿产勘查。
- 由于我国经济连年高速增长，地方政府对矿业的依存度下降，GDP不再是衡量业绩的唯一指标，相反，矿业开发带来的环境污染、安全事故、腐败等负面问题，降低了地方政府对矿业的支持力度。
- 随着居民的环保意识上升，勘查中协调社区关系成本上升，使勘查投资外部环境进一步收紧。
- 矿业企业产能过剩，大面积亏损，矿业公司大幅削减或停止了勘查投资。
- 在上一个矿业疯狂期，勘查投资者受伤很重，“一朝被蛇咬，十年怕井绳”，畏战避战的情绪弥漫，风险投资资金远离了矿产勘查业。

——中国矿业联合会刘益康

社会勘查资金大幅减少。考虑到当前矿业市场行情并未发生明显好转，地质勘查市场投资意愿下降，预期2016年全年社会资金投入在非油气地质勘查总投入中的比例将下滑至40%。结合上半年地勘经济统计数据分析，加上当前财政资金投向更加聚焦在基础性项目，预期2016年全年矿产勘查类项目投入占非油气勘查投入的比例将在65%左右，比最高时期降低29个百分点。

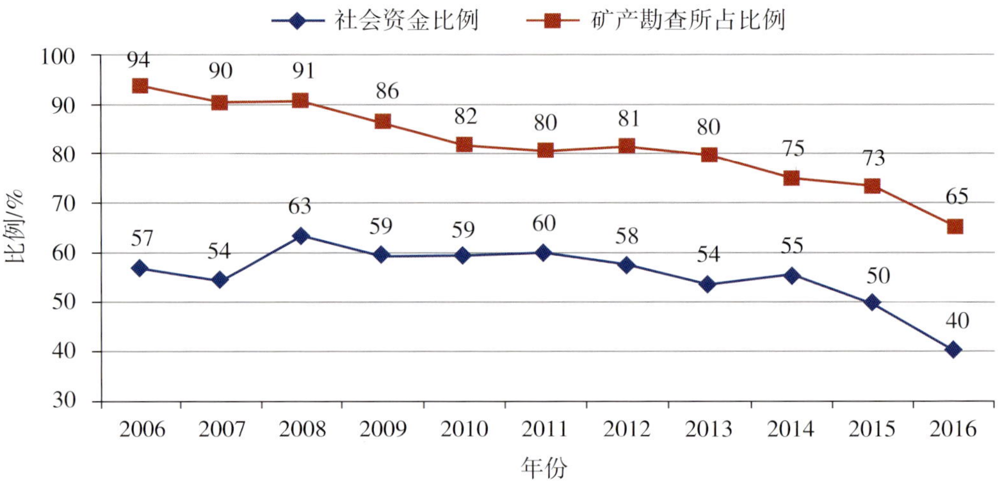

2006—2016年全国非油气地质勘查投入结构变化情况

【3】我国地勘经济发展面临转型升级，市场和资金为主要影响因素

矿业市场和财政资金投入成为影响地勘经济的两大主因。调查显示❶，由于矿产品的供需形势直接影响上游的勘查业投资力度，矿业市场变化成为影响我国地勘经济稳定发展的最主要因素，在各类影响因素中占比达27%。受矿产品价格疲软和矿业形势影响，社会资金持续观望，地方政府对矿业的投资热情降低，财政资金投入成为影响地勘行业发展的第二大因素，影响占比达22%。当前，我国加强生态环境建设，对地质工作提出更高要求的同时，为地勘经济发展提供了新的转型契机，其影响占比为13%。其他影响地勘经济发展的因素包括社会资金投入、市场竞争秩序、人才队伍结构等。

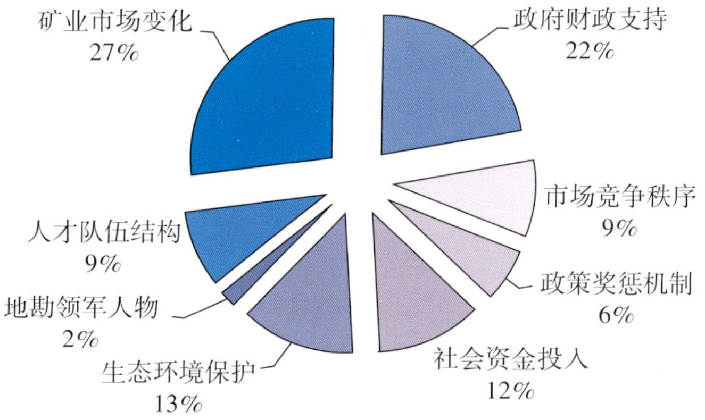

影响地勘经济稳定发展的因素占比

地质勘查发展潜力最佳的为非传统地质勘查领域。在地质勘查行业发展的“黄金十年”过程中，地质勘查工作已经由传统的地质找矿逐步延伸到环境地质、灾害地质、城市地质、农业地质、工程地质等领域，地质勘查行业已经形成了目前的“大地质”格局。在矿业经济持续低迷背景下，地质勘查工作的重点在悄然发生转移。调查显示，在未来地勘工作重点发展的领域中，环境地质、农业地质和灾害地质成为最有潜力的3个领域，在269项投票数中分别为62票、48票和43票，占比分别为23.0%、17.8%和16.0%；传统的地质信息服务、矿产勘查、地质调查与理论研究等得票数分别为22票、14票和11票，占比分别为8.2%、5.2%和4.1%。

❶ 指地勘行业形势分析课题组在2016年12月面向全国开展的“地勘行业发展形势”问卷调查，以下同。

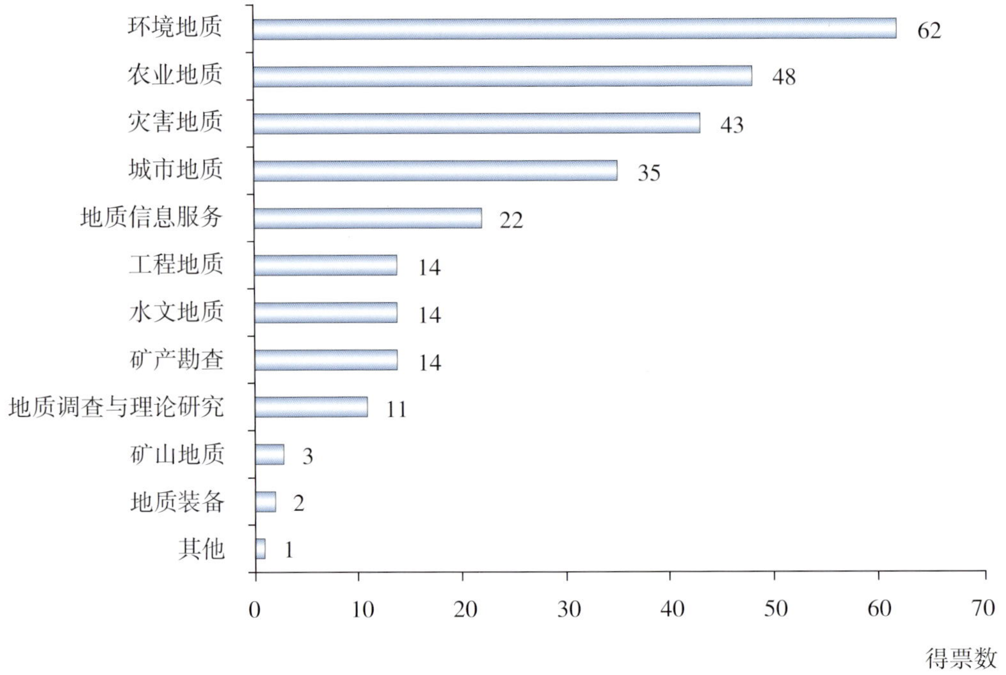

地勘行业不同领域发展潜力排序

【4】 地勘人员出现结构性过剩，地勘工作“走出去”机遇面临较大挑战

地勘人员出现结构性过剩。在2015年的调查中，地质勘查人员比较合理的规模应控制在15万人左右，与当前的24万人相比，超出38%，我国地质勘查队伍的规模已达到饱和至过饱和状态。2016年12月最新调查结果显示，30%的被调查者认为当前地勘单位的行政管理人员明显偏多，27%的被调查者认为后勤服务人员过剩，19%的被调查者认为初级技术人员过剩，9%的被调查者认为技术工人过剩，只有4%的被调查者认为中高级技术人员过剩。受宏观经济增速减缓、结构调整等影响，50%的国有地勘单位多种经营产业效益不高，出现非地勘产业的人员过剩现象。从地勘一线职工收入来看，只有32%的地勘一线人员2016年收入与2015年持平或有5%增长，68%的人员收入有不同程度降低，其中，23%的地勘一线人员2016年收入同比减少20%以上。

地勘工作“走出去”机遇面临较大挑战。全球地质勘查活动在经历了2012—2015年的连续低迷之后，受矿产品价格短期上升影响，2016年全球勘查市场出现一定的回暖迹象。但是，国内地质勘查主体对于“走出去”、在境外开展地质工作的信心并不高。调查显示，对于地勘单位未来在境外开展工作的机遇与信心，只有21%的被调查者表示信心较大，26%的被调查者表示一般，53%的被调查者表示困难。在矿业市场前景、国外政治环境、国外投资环境、风险配套资金、单位自身经营实力五大因素中，被调查者认为：影响地勘工作成功“走出去”的最主要因素是国外的投资环境，如投资融资、矿业管理政策、勘查成本等，其影响占比为26.8%；其次是矿产品价格、供需形势等矿业市场前景，影响占比为23.8%；地勘单位自身经营实力的影响占比为19.5%；境外风险勘查配套资金和国外政治环境的影响占比分别为15.3%、14.6%。

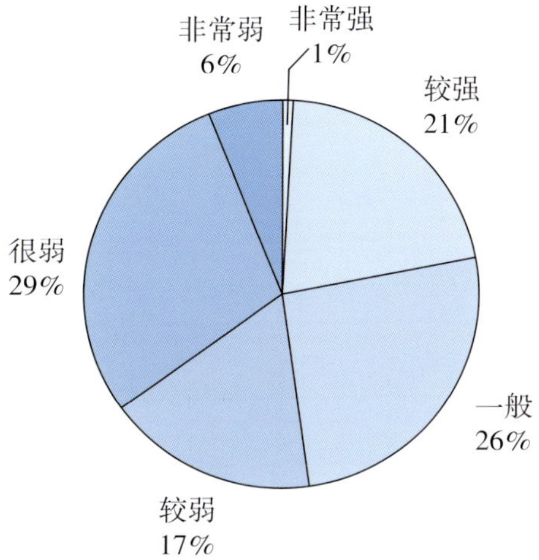

地勘单位“走出去”信心调查

下 篇

2017年展望与建议

2017年是实施“十三五”规划的重要一年，是供给侧结构性改革的深化之年。国土资源工作要以党的十八大和十八届三中、四中、五中、六中全会及中央各项工作会议精神为指导，统筹推进“五位一体”总体布局和协调推进“四个全面”战略布局，牢固树立和贯彻落实新发展理念，适应把握引领经济发展新常态，以供给侧结构性改革为主线，坚持宏观政策要稳、产业政策要准、微观政策要活、改革政策要实、社会政策要托底的政策思路，坚持稳中求进的工作总基调，以提高发展质量和效益为中心，准确把握当前错综复杂的国内外经济形势，坚持尽职尽责保护国土资源、节约集约利用国土资源、尽心尽力维护群众权益，围绕“去产能，提质量”、“去库存，优结构”、“去杠杆，稳市场”、“降成本，增效益”、“补短板，惠民生”，充分发挥国土资源管理先导性作用，着力推动供给结构和需求结构的有效适配，建立“想干事、敢干事”的正向激励机制，全力推进国土资源事业再上新台阶，以优异成绩迎接党的十九大胜利召开。

一、准确把握当前国土资源工作的基本要求

【1】把握好稳中求进工作总基调这一重要原则

稳中求进工作总基调是治国理政的重要原则，也是做好经济工作的方法论，贯彻好这个总基调具有特别重要的意义。稳是主基调，稳是大局，在稳的前提下要在关键领域有所进取，在把握好度的前提下奋发有为。“稳”作为前提和基础，最终目的还是要实现“进”，二者相辅相成、相得益彰。核心是围绕供给侧结构性改革这一主线，“有所进取”、“奋发有为”，促进经济平稳健康发展和社会和谐稳定。

“稳”主要表现在五方面：一是国土资源工作定位不能动摇。必须坚持“尽职尽责保护国土资源，节约集约利用国土资源，尽心尽力维护群众权益”的工作定位。二是国土资源安全红线不能逾越。必须牢牢守住耕地红线，维护粮食安全；必须加强建设用地双控目标，维护生态安全；必须立足国内加强能源与重要矿产资源保障，维护资源安全、经济安全。三是国土资源利用保护不能放松。必须坚持最严格的耕地保护制度和最严格的节约集约用地制度，实施藏粮于地和节约优先战略。四是国土资源基本制度底线不能突破。必须坚持土地制度改革“不能改变土地公有制，不能冲击耕地红线，不能威胁到国家粮食安全，不能损害农民合法权益”。五是国土资源管理基础不可削弱。必须夯实国土资源法治基础，加强国土资源管理能力建设，提升国土资源管理水平。

“进”主要体现在四方面：一是进一步加快资源利用方式与结构转变，全面落实资源节约优先战略，加强资源数量、质量和生态保护。二是进一步加强国土资源领域基础性改革，更好地发挥改革牵引作用，用重大改革举措落地增强发展信心。三是进一步依靠创新驱动国土资源事业发展，全力实施“三深一土”科技创新战略，推动国土资源科技创新跨越发展。四是进一步构建国土资源共建共治共享模式，以维护群众利益为出发点和落脚点，通过加强资源管理增强人民群众的获得感。

【2】把握好深化供给侧结构性改革这条主线

深化供给侧结构性改革，是全面分析国内经济阶段性特征基础上作出的重大决策，是调整经济结构和转变经济发展方式的治本良方，是解决当前经济运行矛盾和问题的根本举措。中央经济工作会议对继续深化供给侧结构性改革提出了明确要求，作出了

新的部署，要以深化供给侧改革思维来推进国土资源管理工作。

对于国土资源工作来说，深化供给侧改革的总体目标是满足国家和人民的需求。国家和人民对国土资源工作的需求是保障粮食安全、资源安全、经济安全、生态安全，增进人民福祉，这与国土资源部党组确定的工作定位是高度契合的。要通过深化供给侧结构性改革更好地实现国土资源工作总体目标。主攻方向是提高质量和效益。在资源保护上要推进土地数量、质量、生态“三位一体”管控，加强优势及紧缺战略矿种的调控；在资源开发时序上要合理布局，空间上要优化结构，促进资源节约集约高效利用，做到“地尽其力、矿尽其用”。根本途径是深化改革。国土资源改革既包括根本性制度变革，也包括弥补性、完善性的改进和优化。当前改革工作主要有四项：一是产权制度改革。包括土地产权制度、矿业权制度，农村三项制度改革落脚点也是产权制度改革，其核心主线是产权的设定、权利的行使和收益的分配。二是规划管理制度改革。国土资源系列规划是资源开发布局的前提，具体通过土地用途管制和矿业权设置方案发挥规划布局作用。三是资源供给制度改革。具体核心包括土地市场和土地供应环节、矿业权设置与出让方式。四是行政审批制度改革。行政审批是规划管控和资源供应的实现方式，通过优化改进提高审批效率。

当前，国土资源工作要按照中央的统一部署，积极主动，沉着应对。一是在推动“三去一降一补”中有更大作为。去产能方面，要严控土地和矿产的源头关，做好煤炭、钢铁、建材、水泥等行业去产能；去库存方面，坚持分类调控、因城因地施策前提下，以人口城镇化推进去库存；去杠杆方面，加强土地与矿业权市场监测，掌握抵押融资情况，规范举债行为；降成本方面，降低土地、矿业权交易成本，特别是制度性的交易成本；补短板方面，在精准扶贫、精准脱贫方面，用好用足国土资源支持政策。二是在推进农业供给侧结构性改革中有更大作为。要在严守耕地红线的前提下，不断促进农产品质量的提升；要通过改进耕地保护和占补平衡制度，提升耕地质量；要通过细化和落实承包土地“三权分置”办法等，培育新型农业经营主体和服务主体；要通过明晰农村集体产权归属，赋予农民更充分的财产权利。三是在振兴实体经济中大有作为。继续创新产业用地政策，推动大众创业、万众创新；建立健全自然资源产权制度，加强产权制度保护，激发创新创业活力；通过加强地质找矿，为战略新兴产业发展提供资源保障；加强矿产资源领域国际合作，用好两种资源、两个市场；加快推进国土资源科技创新，应用新技术新业态全面改造提升传统产业。四是在促进房地产市场平稳健康发展中大有作为。要加强调查研究，建立符合国情的、适应市场规律的房地产用地基础制度和长效机制；用好“人地挂钩”政策，根据人口流动情况分配建设用地指标；盘活城镇闲置低效用地，增加土地供给；推动农村土地三项制度改革，探索宅基地有偿使用制度。

【3】把握好实施一系列“组合拳”的政策思路

在新常态、供给侧结构性改革、稳中求进政策框架下，国土资源工作要围绕组合政策思路，打好“稳、准、活、实、托底”的“组合拳”。宏观政策要稳：通过国土资源宏观管理“稳政策”，实现市场“稳预期”，推进经济“稳增长”。产业政策要准：坚持有保有压的用地用矿政策，促进产业转型升级、空间布局优化与组织结构优化。微观政策要活：加强土地和矿业权市场建设，提高有效供给能力，激发市场活力与潜力。改革政策要实：加快国土资源领域基础性改革，加强预期引导，使改革不断见到实效。社会政策要托底：加强国土资源服务社会民生保障，做好产权制度保护、资源收益分配、土地争议协调、精准扶贫脱贫等涉及群众利益的工作。

二、扎实做好2017年国土资源工作

中央对国土资源工作的要求已经明确，尽职尽责保护国土资源、节约集约利用国土资源和尽心尽力维护群众权益作为国土资源工作三大职能定位，理论基础更加扎实。国土资源工作践行中央治国理政新方略的过程中，积极探索、勇于实践，取得了显著成效和经验，需要进一步复制和推广。具有“四梁八柱”性质的改革框架基本形成，需要按照优先序，精准发力，推动国土资源重点领域改革。国土资源科技创新更加务实，向地球深部进军、向深海空间拓展和深空对地观测的“三深一土”国土资源科技创新战略已然确立。下一步将全面落实各项制度，明确责任，扎实推进工作，保证圆满完成国土资源各项工作任务，以优异成绩迎接党的十九大胜利召开。

【1】 坚持有保有压，找准稳增长与调结构的平衡点，推动供给侧结构性改革取得实质进展

1. 保障重点领域和项目用地

一是继续按照“国家批规模、控结构，地方管项目、落用地”的原则，进一步提高城市用地审批效率，按时完成报国务院批准城市建设用地审查报批工作；二是全力保障稳增长的建设用地需要，继续实行用地审批绿色通道，落实“放、管、服”要求，持续改进和优化建设用地审查报批；三是加强城市建设用地监管工作，强化已批用地实施监管，督促地方加快实施进度，提高城市用地实施率；四是优先安排社会民生、扶贫开发、战略性新兴产业，以及国家扶持的健康和养老、文化、旅游、生产性服务业等发展用地；五是积极组织实施“人地挂钩”政策，切实保障农业转移进城落户人口用地。

2. 加快建立城乡统一的建设用地市场

一是大力推进完善土地二级市场试点工作，建立健全城乡统一的土地二级市场管理制度；二是深入推进土地市场管理供给侧结构性改革，构建基本成熟、基本定型的国有土地供应和利用政策体系；三是建立健全城乡统一的建设用地市场和开发利用监测监管制度。

3. 加强土地市场宏观调控

一是继续加强对市场的监控，调节土地供应，稳定市场预期，化解市场风险；二

是重点加强一线和重点二线城市的土地挖潜，积极盘活存量，增加市场的土地供应力度，同时通过限房价、竞地价、竞自持比例等综合举措，有效遏制房价过快上涨；三是大幅度削减或停止三、四线城市的房地产类土地供应，避免产生新的闲置；四是允许尚未开工房地产项目用地按照有关规定改变用途，用于棚改安置房和公共租赁住房建设；五是指导地方科学调整各级土地利用总体规划，确保规划的科学性、可实施性。

4. 加快推进煤炭、钢铁产业“去产能”

一是按照严控增量、优化存量、清洁利用的要求，将积极稳妥化解过剩产能与结构调整、转型升级相结合，推进煤炭行业健康发展；二是限制东部地区、控制中部和东北地区、优化西部地区煤炭资源开发；三是适度控制千米以深矿井和小规模低品位铁矿的开发，不再新建年产20万吨以下露天铁矿、10万吨以下地下铁矿、5万吨以下锰矿；四是按照去产能要求，严格控制钢铁、煤炭等产能过剩行业和“僵尸企业”土地供应，制定鼓励支持政策，引导其退出、转产和兼并重组。

5. 强化重要矿产资源开发保护

一是深入实施找矿突破战略行动，重点加强紧缺的战略性矿产勘查，优化找矿突破战略工作布局；二对稀土矿、钨矿开采规模实行合理控制，严防过度开发，完善优势矿产限产保值机制；三是以“一带一路”战略为统领，拓展矿产资源国际合作空间。

【2】 严守耕地红线，推进“藏粮于地”战略落地，促进耕地数量、质量、生态“三位一体”管护

1. 严格耕地数量与质量保护

一是全面完成永久基本农田划定并不断强化特殊保护，完成“落地块、明责任、设标识、建表册、入图库”各项任务，严格划定成果备案，强化成果应用；二是充分发挥土地利用总体规划的统筹管控作用，以自上而下逐级控制的建设用地规模、耕地保有量和基本农田保护面积等约束性指标为“底盘”；三是实施耕地质量保护与提升行动，从确保国家粮食安全与提高农业整体素质和竞争力出发，切实加强耕地质量建设；四是积极推进高标准农田建设统一上图入库工作，建立联动考核机制，做好本部门高标准农田建设的督促指导。

2. 积极探索建立耕地保护补偿机制

一是积极推动耕地保护补偿机制的试点指导、制度设计等工作，探索建立耕地保护补偿制度；二是对跨地区补充耕地等重大举措，要严格程序、规范运作；三是在现有的后备土地资源中，选择适宜开垦而且宜耕性较好的土地，作为保证开垦后耕地质量较高的先决条件；四是建立一批高素质的专业技术队伍，科学做好土地开发整理项目资源开发的规划、设计和施工。

3. 完善耕地占补平衡制度

按照中央加强耕地保护和改进占补平衡意见，转变占补平衡管理方式，相应完善耕地占补平衡动态监管系统功能调整，完善耕地占补平衡年度考核方法和内容，做好与土地整治全程监管的衔接，强化对承诺落实情况的检查，更好地服务省级耕地保护责任目标考核工作。

4. 完善省级政府耕地保护责任目标考核办法

一是完善考核内容，全面检查和考核耕地与永久基本农田保护情况、高标准农田建设完成情况、补充耕地任务完成情况、耕地占补平衡落实情况等；二是完善考核制度和奖惩机制；三是树立耕地数量与质量相统一的思想，科学确定耕地开垦费的数量和改造中低产田的数量及标准；四是严把耕地占补平衡考核、验收关，确保耕地质量不变劣、生产能力不下降。

【3】 推进国土空间规划体系改革，落实资源节约优先战略，推动生态文明建设在资源领域落地

1. 完善国土空间规划体系

一是深化规划重大战略、政策研究，积极参与规划顶层设计、改革实践；二是推动建立全国统一、相互衔接、分级管理的空间规划体系，争取在空间规划改革中的主动权；三是加强对自然生态空间用途管制试点的指导，研究制定关于编制市县空间规划的意见、市县空间规划编制技术规程，推进省级空间规划试点；四是实施土地整治规划，编制城镇低效用地再开发专项规划，推进土地整治重大工程建设，实施农村土地综合整治，统筹推进山、水、林、田、湖生态保护和修复；五是继续做好资源环境承载力评价和监测预警机制建设，大力推进县级土地资源承载力评价。

2. 大力实施节约集约用地

一是把建设用地总量和单位生产总值建设用地下降率作为约束性指标管理，建立双控目标责任制和考核评价机制；二是深入推进城镇低效用地再开发，探索形式多样的低效用地开发模式，建立节约集约用地激励约束机制；三是完善建设用地标准控制制度，发挥标准在节约集约用地中的控制作用；四是强化节约集约用地考核评价，深入开展城市及开发区土地集约利用评价。

3. 加强矿产资源节约与综合利用

一是推行矿产资源勘查开采信息公示，建立矿山企业高效和综合利用信息公示制度；二是组织研究《矿产资源开发利用水平调查评估试点办法》，严格矿产资源开发利用“三率”指标考核；三是做好矿产资源节约与综合利用先进适用技术的推广应用，继续发布先进适用技术推广目录；四是组织研究制定镁、铌、钽等矿种“三率”指标，作为矿山企业开发、利用矿产资源约束性红线；五是实施一批矿产资源节约与综合利

用示范工程，支持矿山企业技术、工艺和装备改造，加快转化推广应用。

4. 统筹推进绿色矿业发展

一是全面部署开展绿色矿业发展工作，开展2017年优秀绿色矿山的遴选与综合奖励工作，启动首批绿色矿业发展示范区建设；二是继续大力推进绿色勘查，总结推广绿色勘查先进经验做法，推进相关勘查技术规范修订工作；三是在继续推进“油铀兼探”工作基础上，统筹推进“煤铀兼探”“油钾兼探”；四是推进储备勘查工作。

5. 加强地质环境保护

一是完善矿产资源开发补偿保护经济机制，大力构建政府、企业、社会共同参与的保护与治理新机制；二是严格矿山开发准入，强化资源管理对自然生态的源头保护作用；三是积极开展矿山地质环境恢复治理，鼓励多元投入开展历史遗留矿山地质环境问题治理；四是推进山、水、林、田、湖生态保护修复工程，探索生态综合整治的资金投入机制；五是提升矿山地质环境保护法规位阶，启动《矿山地质环境保护条例》和《矿山环境恢复治理基金申请使用管理办法》制定工作。

【4】以维护群众利益为出发点和落脚点，助力精准扶贫精准脱贫，构建国土资源共建共治共享模式

1. 完善资源收益分配与权益保护

一是研究建立矿业权占用费和矿业权出让收益的征收管理制度，做好矿产资源管理制度改革和权益金制度改革的衔接；二是深入开展农村集体经营性建设用地土地增值收益分配制度研究，探索形成可复制、能推广的土地增值收益分配改革成果；三是开展土地权利专题研究，指导土地权属争议调处工作，探索构建土地权属争议调处新机制。

2. 探索土地政策途径助力精准扶贫

一是帮助贫困地区调整完善土地利用总体规划，新增建设用地指标优先满足扶贫开发用地需要；二是加大贫困地区城乡建设用地增减挂钩支持力度，增减挂钩指标向贫困地区倾斜；三是发挥部门和行业优势，加大对贫困地区土地整治、高标准农田建设等工作的支持力度。

3. 促进矿产资源开发惠民利民

一是坚持矿产开发与扶贫相结合，健全完善资源开发收益分配机制，支持贫困地区依托资源优势，推动矿业经济、地质旅游等特色优势产业发展；二是探索开展贫困地区矿产资源开发资源收益改革，对贫困地区开发矿业占用集体土地的，试行给原住居民集体股权方式进行补偿；三是在找矿突破重大工程部署、资源开发工作布局、矿业权投放等方面，优先向革命老区、民族地区、边疆地区、集中连片贫困地区安排；四是积极倡导矿业履行社会责任，构建矿山企业与社会群众利益共享机制。

4. 加强地质灾害防治工作

一是按照地质灾害分类分级属地管理为主原则，切实履行职责、落实责任；二是强化《全国地质灾害防治“十三五”规划》落实，促进各项任务有序推进；三是全力推进重点省份综合防灾体系建设，加强地质灾害危险性评估工作监督指导；四是总结推广专群结合的新的防治模式，持续提升基层地质灾害防治能力。

【5】 坚持稳中求进总基调，加快推进基础性关键性改革，不断激发国土资源事业发展新活力

1. 稳步推进农村土地制度改革三项试点

一是以维护被征地农民权益为出发点和落脚点，抓好征地制度改革试点，为《中华人民共和国土地管理法》修订完善提供政策性意见；二是深入推进农村集体经营性建设用地入市改革，建立城乡统一的建设用地有偿使用制度；三是深入推进农村宅基地制度改革试点，逐步建立“依法公平取得、节约集约使用、自愿有偿退出”的宅基地管理制度。

2. 推进自然资源管理体制改革

一是统筹推进改革试点，加强对试点地区指导；二是开展自然资源产权制度改革，研究制定改革方案；三是深入研究自然资源资产管理体制和自然资源监管体制，研究制定多套应对方案；四是开展中央和地方政府分级行使所有权体制的前期研究；五是深入推进国家地质公园体制改革试点，尽快出台《国家地质公园管理办法》及相关配套制度。

3. 不断完善不动产统一登记制度

一是大力推进不动产统一登记规范化建设，出台《关于进一步规范不动产登记的意见》；二是基本建成覆盖全国的信息平台，进一步完善系统、拓展功能，提升运行管理水平；三是积极开展自然资源统一确权登记试点，认真落实自然资源统一确权登记办法；四是逐步建立不动产权籍调查工作体系，加快推进“房地一体”的农村宅基地和集体建设用地确权登记发证工作；五是全面推进农垦国有土地确权登记发证等工作。

4. 推动矿产资源重点领域改革

一是探索完善矿业权出让合同管理，明确合同内容及矿业权出让机关与受让人各自的权利、责任和义务；二是同步推进矿业权勘查开发经济调节机制研究，确定合理的探矿权、采矿权占用收费标准及动态调整机制；三是认真组织实施矿业权出让改革试点工作，为全面推进矿业权出让制度改革打好基础；四是统筹实施新疆油气试点、页岩气竞争出让、常规油气公司内部竞争出让，推行油气监管方式改革，加大油气上游改革力度。

5. 加快行政审批制度改革

一是加大行政审批信息公开力度，依法公开权力运行流程，加强内部监督，明确各层级监督责任；二是完善和应用国土资源综合信息监管平台，对取消和下放的行政审批事项，切实加强事中事后监管；三是加快对行政审批和非行政许可审批事项进行清理，理顺各种审批关系，合理划分各级政府的审批职能，加大简政放权力度；四是规范和优化国土资源行政审批事项流程，加强行政审批标准化建设；五是加强对地方土地行政审批制度改革工作的指导。

【6】推进创新国土建设，全力实施“三深一土”科技创新战略，推动国土资源科技创新跨越发展

1. 推进《国土资源“十三五”科技创新发展规划》实施

一是加强组织协调，强化资源统筹与体系协调，确保科技创新体系上下联动；二是建立科技咨询委员会和科技领导小组议事制度，部署新时期重大科技创新任务；三是加强国土资源系统科技统计调查，健全国土资源科技统计信息采集和应用分析系统；四是地方国土资源管理部门要结合地区与部门优势，部署推动重大项目与重点工程；五是统筹优化工作布局，协同开展科技创新立项、平台建设、标准化建设和科技成果转化等工作。

2. 全力推进“三深一土”科技创新战略

一是紧抓推动地球深部探测研究计划国家重大科技专项立项，研究提出重大项目方案及相关大学科计划；二是精心组织深海探测相关专项和项目，为将来深海油气与水合物资源规模化开发夯实基础；三是加强深空对地观测和应用系统建设，提高国土资源监测监管水平；四是加强土地科技创新，提升自然资源管理科技水平与成效；五是打造国土资源领域科技创新联盟，服务支撑国土资源事业发展。

3. 搭建动态开放多层次科技创新平台

一是以重大科技任务攻关和大型科技基础设施为主线，组建国家实验室；二是国土资源系统科研院所突出优势学科方向，加强国家重点实验室建设；三是相关单位与地方要聚焦国土资源重大需求，建设各具特色的部级重点实验室和研究基地；四是整合创新资源，建立目标导向、绩效管理、协同攻关、开放共享的新型运行机制，加强国土资源领域突破型、引领型、平台型一体建设。

4. 加强国土资源标准化建设

一是充分发挥标准在推进工作、强化监管、创新管理等方面的重要作用，促进管理规范化、精细化；二是协同推进重大工程项目部署、重要工作安排与标准研制同安排，及时将成熟的新方法、新技术转化为技术标准；三是建立新型国土资源标准体系，进一步优化国土资源领域国家、行业与地方标准结构体系；四是加强国土资源标准子

体系研究，合理安排部署标准研究制定与实施工作。

5. 促进国土资源科技人才队伍建设

一是完善国土资源科技人才遴选和培养机制，逐步优化队伍的年龄、知识和专业结构；二是加强国土资源领域的专家、学者培养力度，提升其权威性和影响力；三是继续实施国土资源高层次创新型科技人才培养工程，培养国土资源专业技术人才；四是统筹推进国土资源智库人才、紧缺人才、实用人才和法治人才队伍建设。

【7】 深入推进法治国土建设，加强立法、规范执法、强化监督，不断健全国土资源法治体系

1. 完善国土资源法律法规体系

一是配合立法机关修订完善《中华人民共和国土地管理法》、《国家土地督察条例》等立法审议工作；二是开展《中华人民共和国土地管理法实施条例》、《中华人民共和国矿产资源法》及其相关配套法规等立法研究工作；三是结合行政审批制度改革等阶段性进展，继续推进相关配套法规规章的修改完善；四是继续组织做好规范性文件整合修改相关后续工作，强化规范性文件管理。

2. 加强国土资源执法监察

一是跟踪综合执法体制改革试点，探索执法体制机制创新；二是转变执法监管方式，将违法行为“发现在初始，解决在萌芽”；三是强化法治思维，严格规范公正文明执法；四是进一步强化日常执法监管，建立完善常态化的执法监察机制；五是进一步强化执法监察业务培训工作，提升执法人员的素质和能力；六是加快国土资源执法监察信息管理系统建设，提升执法监察工作的信息化程度。

3. 深入推进土地督察工作

一是开展全面划定永久基本农田落实情况专项督察，跟踪督导阶段性关键任务落实情况；二是继续跟踪督促闲置土地督察，督促地方履行闲置土地处置职责和强化责任追究；三是在继续深化例行督察的基础上，探索开展全域例行督察；四是继续加强土地督察信息化建设，推广使用在线土地督察系统拓展功能；五是加快《国家土地督察条例》制订，确立土地督察的权限，规范业务范围和程序，建立和完善土地督察问题发现、判断和处置标准。

4. 规范国土资源行政权力运行

一是依法界定国土资源行政裁量权，明确权力清单和责任清单，完善行政决策程序；二是运用现代科技手段加强行政权力运行监管；三是加强国土资源管理部门内部监督，做好行政复议和行政诉讼工作机制的衔接；四是全面推进政务公开，对受理、承办、批准等环节实施全程公开、全程监督。

5. 加强国土资源法治宣传教育

一是围绕“懂全局、管本行”、“抓重点、破难题”、“抓落实、求实效”、“崇廉洁、拒腐蚀”四种能力的提高，扎实推进全系统法治宣传教育工作，增强行政管理人员的法制观念和依法行政能力；二是做好“国家宪法日”、“地球日”、“全国土地日”等宣传，大力宣传资源国情国策，普及国土资源法律法规知识，提高公民的国土资源法律素质。

【8】持续加强能力建设，全面落实各项制度与责任，全力推进国土资源事业再上新台阶

1. 深入推进全面从严治党

一是深入学习习近平总书记重要讲话精神，深入贯彻落实党的十八届六中全会精神，严格和规范党内政治生活、加强和完善党内监督，深入推进全面从严治党；二是继续推进全面从严治党责任落实，加强廉政教育工作，提高国土资源系统自律思想意识；三是把“关键少数”作为重中之重，把严肃党内政治生活作为重要基础，把纪律挺在前面作为关键举措，把强化党内监督作为重要抓手；四是认真实践监督执纪“四种形态”，经常开展批评和自我批评、约谈函询，让“红红脸、出出汗”成为常态。

2. 层层落实工作岗位责任

一是要增强尽责意识抓落实，以高度自觉的责任意识、昂扬饱满的工作热情和奋发有为的精神面貌，做到想抓落实；二是要提高履责能力抓落实，进一步巩固和扩大“能力建设年”活动成果，进一步提高“四种能力”，做到会抓落实；三是要鼓足担责勇气抓落实，要坚定信心、敢于担当，迎难而上、百折不挠，做到敢抓落实。

3. 加强人才队伍和建设

一是加强理想信念和党性教育，强化为民服务意识和责任意识，努力建设一支结构合理、素质优良、敢于担当、作风扎实、清正廉洁的队伍；二是加强干部的使用交流，重视青年干部的培养，关心离退休干部；三是加强国土资源干部教育培训工作，提升广大干部的素质和能力；四是加强基层干部队伍建设，提高基层国土资源所管理服务水平。

4. 加强基础信息调查与监测工作

一是健全土地调查制度体系，完善遥感监测体系和工作机制，全面提升土地调查监测业务水平和应用能力；二是服务国家重大需求，科学部署基础性、公益性、战略性地质调查；三是进一步建设和优化地下水监测网络，继续推进全国地面沉降防治规划的实施。

5. 增强国土资源信息服务能力

一是进一步完善国土资源信息化技术架构，逐步构建覆盖四级国土资源管理部门；

二是逐步形成区域、业务全覆盖，纵向联动、横向协同的国土资源监管运行体系；三是打造基于互联网的国土资源服务平台，实现各业务“一站式”办理；四是构建国土资源数据共享平台，实现部门间数据共享与交换；五是完善国土资源统计指标体系，切实增强统计监测和分析能力。

专题篇

国土资源经济专题研究

专题一　2016年国土资源领域热点调查与分析

为充分挖掘和释放国土资源及相关经济社会数据资源的潜在价值，促进国土资源管理从“依靠经验”的定性管理方式向“数据驱动”的精准治理方式转变，建立“用数据说话、用数据决策、用数据管理、用数据创新”的国土资源管理机制。调查小组运用大数据分析工具对政府文件、媒体报道、学术论文进行综合分析，测算梳理出2016年度国土资源领域十大热点，以期为促进国土资源决策科学化、监管精准化、服务便利化提供参考。

一、国土资源热点调查

（一）范围与方法

聚焦“十三五”期间国土资源中心工作和主要任务，跟踪“创新、协调、绿色、开放、共享”发展理念下国土资源领域热点，调查组以《国土资源每日舆情》、主流媒体、行业媒体报道为数据源，结合年度出台的国土资源相关文件、政策法规等，运用大数据分析工具提取关键词。根据形成的关键词群，围绕国土资源部重点工作，依托百度舆情监测平台，从PC端和移动客户端分别进行统计分析，并以媒体曝光度、公众关注度和理论关注度为指标，采用指数分析法综合测算2016年国土资源领域十大热点。

（二）测算结果

经测算，2016年国土资源领域十大热点分别是：不动产登记、耕地保护、地质灾害防治、“十三五”系列规划、能力建设年、法治国土、资源节约集约利用、科技创新、精准扶贫、地质找矿新机制。其中，媒体曝光度排名前三位的分别是不动产登记、耕地保护、地质灾害防治；公众关注度排名前三位的分别是资源节约集约利用、地质灾害防治、法治国土；理论关注度排名前三位的分别是精准扶贫、科技创新、“十三五”系列规划。

2016 年度国土资源领域十大热点

排序	综合关注度	分类排序情况		
		媒体曝光度	公众关注度	理论关注度
1	不动产登记	不动产登记	资源节约集约利用	精准扶贫
2	耕地保护	耕地保护	地质灾害防治	科技创新
3	地质灾害防治	地质灾害防治	法治国土	“十三五”系列规划
4	“十三五”系列规划	能力建设年	耕地保护	能力建设年
5	能力建设年	法治国土	“十三五”系列规划	资源节约集约利用
6	法治国土	“十三五”系列规划	不动产登记	地质灾害防治
7	资源节约集约利用	科技创新	能力建设年	不动产登记
8	科技创新	精准扶贫	地质找矿新机制	耕地保护
9	精准扶贫	资源节约集约利用	科技创新	法治国土
10	地质找矿新机制	地质找矿新机制	精准扶贫	地质找矿新机制

此外，根据关键词分析结果，梳理出十大新闻热点地区，浙江、福建、四川、新疆排在前四位。浙江省是国土资源节约集约示范省，实施了“365 节约集约专项行动”、“亩产倍增”行动计划和城镇低效用地再开发等工作，是推进生态文明建设的先行者。义乌市、杭州市是国土资源管理的改革重镇，义乌市是不动产统一登记、农村宅基地制度改革试点市、国土节约集约模范市。2016 年 1 月，全国第一单农村宅基地抵押贷款在浙江省义乌市发放。杭州市是浙江省首批坡地村镇试点，在节约集约用地方面走在全国前列。11 月 3 日，全国首个土地质量研究示范基地落户浙江省嘉兴市。福建省是全国生态文明试验区，11 月 25 日，福建省政府印发《福建省级空间规划试点工作实施方案》，提出通过试点形成具有推广价值的省级空间规划编制办法，建立地理国情监测服务于空间规划编制的常态化机制，形成融发展与布局、开发与保护为一体的“一本规划、一张蓝图”。福建省晋江市、龙岩市分别是自然资源统一确权登记试点和山垄田整治试点地区。此外，通过土地整理带动旧房改造、基础设施建设和产业打造，乌蒙山（四川）片区脱贫攻坚工作取得显著成效。新疆维吾尔自治区是“358”找矿突破战略行动的发源地，在矿产资源开发方面取得重大成果，获得舆论关注。

二、国土资源热点分析评述

（一）不动产登记

2016 年是不动产登记全面落地年。截至目前，全国实现不动产统一登记“颁发新证、停发旧证”地市已经达到 100%，除西藏自治区部分县外，其余所有省（自治区、直辖市）的县全部实现“颁新停旧”。26个省（自治区、直辖市）的890个县区接入国家级信息平台，不动产统一登记制度实施在基层全面落地。中央和地方四方面的举措受到舆论关注：一是完善制度，全面促进贯彻落实。印发了《不动产登记暂行条例实施细则》《不动产权证书和登记证明监制办法》《不动产登记操作规范（试行）》等系列规章制度。举办了两期培训班和首次全国不动产登记信息管理基础平台培训会，分层级、分步骤开展理论和实务培训。二是地方国土资源部门对不动产统一登记工作进行积极探索。天津市出台了全国首部不动产登记地方性法规，组织编纂了全国首套不动产登记教材。江苏省淮安市颁发了全国首本铁路不动产权证，晋江市、三亚市率先发放海域使用权不动产权证书。山东省将不动产登记与征税业务协同办理，北京市取消了对继承不动产登记的强制公证。三是专项督查促进制度落地。2016年，不动产统一登记制度纳入国务院办公厅年度专项督查台账。10月，为确保年底全面实现“颁新停旧”，启动地方不动产统一登记制度落地督察。四是尽心尽力维护群众权益。针对温州市20年住房土地使用权到期如何续期的问题，国土资源部与住房和城乡建设部协商后依据《中华人民共和国物权法》第一百四十九条，提出采用“两不一正常”的过渡办法处理。针对“不动产登记资料能否通过政府信息公开方式获取”这一问题，及时澄清有关模糊认识，指明不动产登记资料查询的正确途径，并与最高人民法院联合制定《关于推进信息共享和网络执行查询机制建设的意见》，建立被执行人不动产登记信息的依法查询制度。

全面建立不动产统一登记制度，不仅能降低政府行政成本，也有利于厘清政府与市场的关系，为进一步健全现代产权制度打下重要基础。在不动产统一登记制度的推进过程中，不仅存在资料移交到位难、历史遗留问题多等难题，还集中暴露出有房证无地证、房地异主、权利冲突等在分散登记时隐藏的深层次问题。国土资源部应针对相关问题，进一步完善顶层设计，加强对地方的指导，促进省、市、县级不动产统一登记信息平台的全面建成和统一登记规范化建设，积极稳妥地推进不动产统一登记工作。

（二）耕地保护

党中央、国务院就严防死守18亿亩耕地红线、确保实有耕地面积基本稳定、实行耕地数量和质量并重保护等提出了新的更高要求。国土资源部认真贯彻落实中央的新精神、新要求，率先完成了106个重点城市周边永久基本农田划定任务论证审核工作，新划定永久基本农田560.39万亩，划定后永久基本农田面积达到1883万亩，平均保护比例由原来的43%提高到61%。开展了全国高标准农田建设情况调查摸底，将中央分成新增建设用地土地有偿使用费208亿元分配给各省（自治区、直辖市），用于支持地方开展高标准农田建设。会同财政部下达土地整治重大工程预算21.28亿元，扎实推进土地整治重大工程建设。坚守土地公有制性质不改变、耕地红线不突破、农民利益不受损三条底线，完善耕地占补平衡机制。编制完成《土地整治规划（2016—2020年）》，研究制定《国土资源部 农业部关于全面划定永久基本农田实行特殊保护的通知》（国土资规〔2016〕10号）等文件，做好“十三五”的谋划布局，大力推进耕地保护工作。完成三批次省级永久基本农田划定方案论证审核工作，31个省（自治区、直辖市）和新疆生产建设兵团永久基本农田划定方案全部通过论证审核。耕地保有量稳定在规划确定的18.65亿亩红线目标上。

耕地问题关乎粮食安全，粮食安全关乎国运民生，中央一直给予高度关注。国土资源部认真贯彻落实中央的要求，始终坚持最严格的耕地保护制度，像保护大熊猫一样保护耕地，不断扎紧耕地保护“篱笆”。全面完成永久基本农田划定，推进土地整治和高标准农田建设，完善耕地占补平衡制度，因地制宜采取“养”“退”“休”“轮”“控”综合措施，推进耕地“三位一体”保护，夯实国家粮食安全基础。

（三）地质灾害防治

截至2016年11月，全国共发生地质灾害9673起，造成405人死亡或失踪，直接经济损失31.6亿元。与上年同期相比，地质灾害发生数量、造成的死亡失踪人数和直接经济损失分别增加19.3%、42.6%和30.0%。全国共成功预报地质灾害672起，避免人员伤亡23916人，避免直接经济损失7.14亿元。三峡库区连续14年未因地质灾害导致人员死亡。汶川、玉树、芦山、鲁甸、漳县、岷县等地震灾区连续3年保持地质灾害零伤亡纪录。国土资源部在灾情发生后第一时间启动地质灾害应急响应，协助指导地方政府开展地质灾害应急调查，严防次生灾害发生。圆满完成浙江丽水遂昌“9·28”特大型山体滑坡等3次灾害应急响应，获得舆论好评。组织完成55亿元中央财政地质灾害防治专项资金下达。强化预警应急能力、提高预防水平，预警预报涉及31个省（自治区、直辖市）、303个市、1578个县，在中央电视台发布33次。截至目前，已开展应急演练35529次，参加人数279万人，参加知识培训人数324万人，有效提高群众防灾减灾意识和能力。

地质灾害防治是保障人民群众生命财产安全的“生命工程”，加强地质灾害防治，应防患于未然，化被动为主动，多管齐下实现资源开发和环境保护源头管控，确保国土资源开发尊重自然、保护自然和顺应自然，在保资源中谋发展、保权益。2017年，要更加充分认识地质灾害防治工作的重要性和面临的严峻形势，切实加强日常防灾工作，有效防范因异常强降雨引发的地质灾害。需要特别关注三峡库区及汶川、鲁甸、彝良、芦山等地震灾区，同时要注意防范沿海地区由于台风引发的突发性地质灾害。

（四）“十三五”系列规划

2016年是我国全面实施“十三五”规划的开局之年，也是推进结构性改革的攻坚之年。以国家经济社会发展需求为主导，围绕国土资源工作三大定位，科学制定“十三五”系列规划。4月12日，国土资源部印发《国土资源“十三五”规划纲要》，明确了今后5年国土资源工作的指导思想和主要目标任务。5月，国土资源部、国家发展改革委联合印发《京津冀协同发展土地利用总体规划（2015—2020年）》，以空间格局优化统领京津冀协同发展各项土地利用任务。《全国土地利用总体规划纲要（2006—2020年）调整方案》于6月22日得到国务院批复，对全国及各省（自治区、直辖市）耕地保有量、基本农田保护面积、建设用地总规模等指标进行调整，并对土地利用结构和布局进行优化。8月31日，国家发展改革委、国家测绘地理信息局联合印发《测绘地理信息事业“十三五”规划》，提出“十三五”期间测绘地理信息公益性生产服务的“五大业务”，部署了五大能力建设。11月2日，《全国矿产资源规划（2016—2020年）》得到国务院批复，明确了“十三五”期间我国矿产资源管理改革与矿业经济发展的目标。11月18日，国家发展改革委、国土资源部等8部门联合印发《耕地草原河湖休养生息规划（2016—2030年）》，提出了耕地、草原、河湖休养生息的阶段性目标和政策措施。12月，国家海洋局印发了《海洋观测预报和防灾减灾“十三五”规划》，提出“十三五”期间海洋观测预报和防灾减灾工作目标。《全国土地整治规划（2016—2020年）》已于12月29日得到国务院批复，规划明确了“十三五”时期全国土地规划整治实施目标。

2017年是实施“十三五”规划的重要一年，也是供给侧结构性改革的深化之年。国土资源工作牢固树立和切实贯彻创新、协调、绿色、开放、共享的发展理念，坚持稳中求进的工作总基调，坚定不移地贯彻中央决策部署，认真履行“尽职尽责保护国土资源、节约集约利用国土资源、尽心尽力维护群众权益”职责，科学制定各类规划，为“十三五”国土资源事业发展谋篇布局。

（五）能力建设年

2016年全国国土资源工作会上，姜大明部长提出在国土资源系统中深入开展“能力建设年”活动，着力提高全系统广大干部履职担当、善作善为的“四种能力”。2月，国土资源部党组印发《推进领导干部能上能下实施细则（试行）》，推动形成“能者上、庸者下、劣者汰”的用人导向和从政环境，为能力建设提供制度保障。4月，国土资源部召开“两学一做”学习教育动员部署会，传达学习习近平总书记重要指示精神和中央有关会议精神，全面动员部署国土资源部学习教育工作。4月15日，印发《中共国土资源部党组关于开展“两学一做”学习教育的实施方案》，在国土资源部直属机关全体党员中开展“学党章党规、学系列讲话，做合格党员”学习教育，要求各级党组织把开展“两学一做”学习教育作为一项重大政治任务，尽好责、抓到位、见实效。6月，由中国国土资源报社、中国国土资源作家协会、中地世纪文化传媒中心出品的电影《寻明胜》在国土资源部机关首映，并作为国土资源系统“两学一做”学习教育影视教材，在国土资源系统巡回放映，成为讨论和学习热点。

“能力建设年”活动是国土资源部党组从国土资源系统实际出发，扎实开展“两学一做”学习教育的实现载体和有效途径，是贯彻中央一系列重大战略部署、推进国土资源工作创新发展、落实国土资源工作新定位的重要举措，从而提高广大干部敢于担当、善于担当的意识，提高懂全局、管本行的能力，抓重点、破难题的能力，抓落实、求实效的能力，崇廉洁、拒腐蚀的能力，激发广大干部想干事、能干事、干成事的热情。

（六）法治国土

国土资源部坚持以法治国土建设为统领，统筹推进国土资源立法、依法行政、执法监察和土地督察工作。《中华人民共和国土地管理法》形成征求意见稿，积极配合国务院法制办推进《国家土地督察条例》立法工作，推动《深海海底区域勘探开发法》《测绘法》《海洋环境保护法》等立法工作，推动制度的完善。颁布实施《国土资源部关于委托山西省国土资源厅在山西省行政区域内实施部分煤层气勘查开采审批登记的决定》（国土资源部令第65号）。集中开展规范性文件清理，规范性文件数量减少了60%。建立了覆盖全国、贯穿四级的土地和矿产资源管理、开发利用全过程的网络化信息实时采集与监测体系。全面实行“一个窗口”受理和接办分离，11项行政许可事项全部纳入政务大厅集中受理。加强行政复议和行政诉讼能力建设，在“法治国土”微信公众号上定期公开行政复议申请受理情况，在政务大厅设立“行政复议”窗口。扎实开展法治宣传教育，制定了国土资源管理系统“七五”普法工作规划。创新执法监管方式，推动12336国土资源微信举报平台建设。国土资源执法监察形势总体向好，土地督察制度和支撑体系日益完善。推出的“法治国土”等10个项目获得“中国法治政府奖”。

国土资源管理系统的法治化水平直接关系公民、法人最有价值的财产权利，关系到全面建成小康社会的国土资源保障。国土资源部立足于全面落实党中央、国务院法治政府建设的一系列要求，将严格依法行政、规范行政决策和行政权力运行、加强行政权力监督作为核心内容，全面推进法治国土建设，逐步形成法制完备、职能科学、权责统一的国土资源管理体系，建立法治统筹、公正文明、守法诚信的国土资源管理秩序。

（七）资源节约集约利用

按照生态文明建设总体要求，全面落实资源节约优先战略，着力推进资源全面节约和高效利用。全面推进土地节约集约利用，落实建设用地总量和强度“双控”目标，下发《国土资源部 发展改革委关于落实“十三五”单位国内生产总值建设用地使用面积下降目标的指导意见》（国土资发〔2016〕120号）。健全完善节约用地标准体系和评价考核制度，全国共有556个城市完成了区域初始评价工作。持续加强开发区用地管理，对全国500多家国家级开发区和1200多家省级开发区的土地集约利用情况进行了综合分析。大力推进闲置土地处置工作，印发《闲置土地盘活与预防专项督查工作方案》。发布实施《全国矿产资源规划（2016—2020年）》，围绕建设“创新驱动型、改革引领型、绿色安全型、开放互利型、包容共享型”矿业，全面落实“三去一降一补”任务。加强矿产资源节约与综合利用，出台《关于推进矿产资源全面节约和高效利用的意见》。目前共制定33个矿种的“三率”指标，发布推广272项先进适用技术。完成661家国家级绿色矿山试点建设任务，研究制订《关于进一步加快发展绿色矿业建设绿色矿山的实施意见》。大力实施国土综合整治，审议通过《全国土地整治规划（2016—2020年）》，发布《土地整治重大项目实施方案编制规程》（TD/T 1047—2016）等三项标准。

树立节约集约循环利用的资源观，坚持“绿水青山就是金山银山”，全面实施“空间优化、五量调节（控制总量、优化增量、盘活存量、用好流量、提升质量）、综合整治”三大战略，提高土地使用效率。以“调查评价、示范引领、监测监管、激励约束、税费调节”为核心，加强矿产资源节约与综合利用。践行绿色勘查理念，绿色矿山建设取得新成效，资源节约集约利用水平持续提高，为全面建成小康社会提供可靠资源保障，为建设美丽中国再立新功。

（八）科技创新

创新是国土资源事业改革发展的根本动力，国土资源部将创新摆在国土资源事业发展全局的核心位置，不断推进理论、制度、科技、文化等各方面创新。9月5日，召开国土资源系统科技创新大会，制定《国土资源“十三五”科技创新发展规划》，提出“十三五”期间要以向地球深部进军为统领，全面实施深地探测、深海探测、深空对地观测和土地工程科技“四位一体”的“三深一土”科技创新战略。《中国地质调查局“十三五”科技创新发展规划》确定了用“十大计划”聚焦并服务“六大需求”，用科技创新解决重大资源环境问题和地球系统科学问题。先后启动了“化学地球”大科学计划和“全球岩溶动力系统资源环境效应”大科学计划，世界首个地球化学国际研究中心在我国成立。基本建成“地球深部探测中心”，精心实施地球深部探测计划（工程）。《全国科技兴海规划（2016—2020年）》按照“原创驱动、技术先导、认识海洋、兴海强国”的指导方针，坚持“双轮驱动”，全面打造海洋强国。地质科技创新取得一批重要成果，建立了一套集国产卫星数据采集、处理到产品服务全链条的国土卫星资源业务运行系统，成功研发了用于同位素定年的飞行时间二次离子质谱仪（TOF-SIMS），资源三号02星成功发射应用，全球地理信息资源建设正式启动。

习近平总书记在全国科技创新大会上指出“向地球深部进军是我们必须解决的战略科技问题”，把国土资源科技创新提升到关系国家科技发展大局的战略高度，明确了地质、海洋、测绘地信、土地领域科技创新的战略导向。“十三五”期间，国土资源领域要紧盯世界科技前沿，面向国家重大需求，注重理论创新，攻克关键核心技术，形成有效服务国家经济社会发展的科技创新总体布局，推动“三深一土”科技创新战略全面实施。

（九）精准扶贫

国土资源部全力服务精准扶贫、精准脱贫，将牵头的四项任务纳入重点工作布局，明确责任单位，定期督促检查，加快推进落实。2月，国土资源部定点扶贫工作会议在江西省赣州市赣县召开，以新发展理念高标准推进定点扶贫。5月，乌蒙山片区区域发展与脱贫攻坚部际联系会议在四川省西昌市召开，共同打好乌蒙山片区脱贫攻坚开局之战。印发《全国土地利用总体规划纲要（2006—2020年）调整方案》，保障贫困地区22个省（自治区、直辖市）建设用地规模，贫困地区新增建设用地计划占全国建设用地总量的比例由2015年的57%提高到2016年的65%；专项安排国家扶贫开发工作重点县每县600亩新增建设用地计划指标，用于脱贫攻坚工程建设。在安排土地整治工程项目时向贫困地区倾斜，支持贫困地区实施土地整治重大工程建设；指导省级国土资源主管部门优先安排土地整治项目和资金，助力贫困地区开展土地整治和高标准农田建设。印发《国土资源部关于用好用活增减挂钩政策积极支持扶贫开发及易地扶贫搬迁工作的通知》（国土资规〔2016〕2号），按照扶贫用地应保尽保的原则，切实发挥增减挂钩支持扶贫开发和易地扶贫搬迁的作用。在有条件的贫困地区优先安排改革试点，在安徽省金寨县、甘肃省陇西县和西藏自治区曲水县开展土地制度改革试点；在18个省份开展工矿废弃地复垦利用试点，2016年下达贫困地区土地利用复垦计划38.57万亩，开展15个省份低丘缓坡荒滩等未利用地开发利用试点。

国土资源部认真贯彻落实中央扶贫开发工作会议精神和《中共中央国务院关于打赢脱贫攻坚战的决定》，把脱贫攻坚作为“十三五”时期国土资源部的工作重点，以非常之策落实非常之举，全力推动精准扶贫、精准脱贫。用地政策进一步向贫困地区倾斜，保障了“五个一批”脱贫攻坚工程用地需求。通过部、省、市、县四级联动机制，14个省级国土资源主管部门制定专门扶贫政策，开展扶贫专项督察等措施，加快推进扶贫对象精准、项目安排精准、资金使用精准、措施到户精准、因村派人精准、脱贫成效精准等“六个精准”，成为国家部委中精准扶贫工作的样板。

（十）地质找矿新机制

2016年是找矿突破战略行动第二阶段的收官之年，也是地质找矿工作的丰收之年。5月31日，国土资源部出台《关于完善地质找矿运行机制实现找矿重大突破的若干意见》，提出七项举措保障找矿突破战略行动确定的各项目标圆满完成。11月，国土资源部、国家发展改革委、科技部、财政部联合在找矿突破战略行动新闻发布会上宣布：5年来，油气新增11个亿吨级油田和13个千亿立方米级气田，探明储量继续保持高位增长，页岩气逐步成为天然气的重要补充，“油气并举”格局初步显现；主要固体矿产新发现256处大型和480处中型矿产地，奠定了重塑矿产勘查开发格局的资源基础；老矿山找矿成果显著，经济社会效益双丰收。修编完成全国找矿突破战略行动第三阶段总体方案，力争通过3～5年的努力，提交30个以上大型资源勘查开发基地，实现陆海统筹、东西并重、油气并举、大宗矿产和战略新兴矿产并进的新格局。5月10日，中国地质矿产经济学会发布《绿色勘查行动宣言》后，青海省有色地勘局、西南能矿集团都进行了绿色勘查的尝试。其中，西南能矿集团选择了7个正在实施的勘查项目正式启动绿色勘查，统一制订了“绿色勘查实施方案”编制大纲，成立了由环保、地质、工程、钻探、预算等领域专家组成的专家组，目前已建立了一系列的绿色勘查野外工作制度。

找矿突破战略行动自2011年启动实施以来，已圆满完成前两个阶段的任务。第三阶段应坚持“创新、协调、绿色、开放、共享”五大发展理念，全面落实地质找矿新机制，统筹协调全国地质找矿工作部署，有序开放矿产勘查市场，加快探矿权投放，鼓励社会资金投入，遏制“圈而不探”，努力营造良好的地质勘查投资环境，以深地、深海、深空等“三深”科技发展战略为驱动，提升地质科技创新能力，加强关键技术和装备研发。

三、思考与建议

（一）严守耕地红线，落实耕地“三位一体”管护

以贯彻落实《关于加强耕地保护和改进占补平衡的意见》为抓手，落实最严格的耕地保护制度和耕地占补平衡管理制度。全面完成永久基本农田划定任务，扎实开展土地整治和高标准农田建设，更好地发挥土地整治的综合效益。通过优化流程、缩短周期等措施全力支持保障发展用地，通过控制总量、减少增量、盘活存量激发用地潜力。统筹推进农村土地征收、集体经营性建设用地入市、宅基地制度改革试点，形成可复制、能推广、利修法的经验，稳妥推进农村土地制度改革试点。不断强化耕地保护执法监管工作，加强执法监察力度，为国土资源管理特别是耕地保护保驾护航。

（二）推进科技创新，全力实施“三深一土”战略

以创新理念增强国土资源事业发展新动力，有力推动国土资源科技创新工作跨越发展。加快推进“三深”重大项目落实，推动地球深部探测国家重大科技专项立项。统筹考虑构建深地探测国家实验室，积极参与海洋科技国家实验室建设，建强海底矿产资源勘查功能实验室。组建新型土地科技创新机构，打造土地科技创新平台与基地。优化国土资源科技人才队伍结构，完善国土资源科技人才遴选和培养机制，统筹推进国土资源智库人才、紧缺人才、实用人才和法治人才队伍建设。做好国土资源科技成果转化工作，合理使用科技成果转化收入，加强科技成果转化绩效激励。

（三）推进法治国土建设，健全国土资源管理体系

坚持把完善法制作为依法行政的根本保障，加快重大立法进程，配合推进《中华人民共和国土地管理法》《中华人民共和国矿产资源法》修改，推动《国家土地督察条例》立法，开展《中华人民共和国土地管理法实施条例》等立法研究工作。深入推进土地督察工作，围绕永久基本农田、土地闲置等开展专项督查工作。加快国土资源执法监察信息管理系统建设，全面推进政务公开，做好行政复议和行政诉讼工作机制

的衔接。扎实推进法治宣传教育工作，做到“法治宣教月”常态化。

（四）落实资源节约优先战略，构建资源节约集约利用新格局

坚持把节约资源作为促进科学发展的重中之重，树立节约集约循环利用的资源观。全面实施“空间优化、五量调节、综合整治”三大战略，提高土地使用效率，继续开展节约集约模范县（市）创建活动。严格“三率”考核，认真执行《矿产资源节约与综合利用鼓励、限制、淘汰技术目录》，促进先进适用技术推广应用。加快推进绿色矿业技术标准体系、工作推进体系和政策体系建设，细化完善各级各类绿色矿山建设标准，完善配套政策和管理制度，将绿色发展贯穿于矿山规划、建设、运营全过程，健全完善绿色矿业发展新机制。

（五）助力精准扶贫，构建国土资源惠民利民新模式

树立惠民利民资源观，使广大群众在国土资源领域改革发展中有更多获得感。全力推动精准扶贫、精准脱贫，帮助贫困地区调整完善土地利用总体规划，用地指标向贫困地区倾斜，加大对贫困地区土地整治、高标准农田建设等工作的支持力度。在找矿突破重大工程部署、资源开发工作布局、矿业权投放等方面，优先向革命老区、民族地区、边疆地区、集中连片贫困地区安排。构建矿山企业与社会群众利益共享机制，努力实现“开矿一处、造福一方，开发一点、保护一片，矿地和谐、科学发展”的新局面。

专题二 2016年地方国土资源管理改革探索评述[1]

2016年是全面建成小康社会决胜阶段的开局之年，也是推进结构性改革的攻坚之年。国土资源部门根据党中央、国务院关于深化改革的决策部署，积极进取、勇于创新，在城市更新、留地安置、农房抵押、支持扶贫开发等方面进行了富有成效的探索，为推动国土资源改革不断向纵深发展提供了鲜活经验。

一、广东深圳：高度城市化地区土地集约利用有效途径

2012年2月，国土资源部和广东省联合批复深圳土地管理制度改革综合试点方案，旨在推进土地资源配置市场化、土地利用高效化、土地管理法治化。由于深圳城市发展较快，处于城市化发展的最后阶段，其探索的城市更新与土地整备制度比较有特色，为我国发达地区城市化建设中的土地利用提供了借鉴与参考。

（一）主要做法

1. 城市更新

城市更新是指由符合规定的主体对特定城市建成区（包括旧工业区、旧商业区、旧住宅区、“城中村”及旧屋村等）内的特定区域，根据城市规划和规定程序进行综合整治、功能改变或者拆除重建的活动。城市更新应当遵循政府引导、市场运作、规划统筹、节约集约、保障权益、公众参与的原则，保障和促进科学发展。城市更新分为综合整治类、功能改变类、拆除重建类三类。城市更新单元的条件是：城市更新单元内拆除范围的用地面积应当大于10000平方米；城市更新单元不得违反基本生态控制线等城市控制性区域管制要求；城市更新单元内可供无偿移交给政府，用于建设城市基础设施、公共服务设施或者城市公共利益项目等的独立用地应当大于3000平方米且不小于拆除范围用地面积的15%。历史用地首先贡献20%纳入政府储备，其余80%实施利益共享：政府获得15%的公共利益用地和地价，原业主和实施主体分享剩余利益。

2. 土地整备

立足于公共利益和城市整体利益实现，由政府主导进行土地清理和用地整合，形

[1] “三块地”改革是2016年地方国土资源管理改革重点任务，尚处于改革探索的试点阶段，故本次不进行评述。

成成片土地纳入政府储备。土地整备以利益统筹为核心，政府与社区算大账，社区与居民算小账，一揽子统筹解决土地历史遗留问题，同时推动社区转型发展。土地整备形成了整村统筹与片区统筹两种模式，并已在坪山南布、沙湖等地开展试点，政策体系初步建立。深圳土地整备的改革探索丰富了土地征收补偿方式，促进了原用途补偿向公平补偿转变，实现了多方共赢，对于国家征地制度改革有借鉴意义。

（二）述评

城市更新和土地整备已成为深圳市存量土地二次开发利用的主要方式，对于提高土地节约集约利用水平，保障经济社会发展用地需求发挥了重要作用。

1. 实现土地供应由增量为主向存量为主转变

2015年，存量用地供应占土地供应总量的77.9%，实现了连续5年持续上升。通过城市更新，2012—2015年累计供应土地面积8.82平方千米。通过土地整备，释放154平方千米土地，保障了长安标致、南方科技大学、轨道交通等一大批重大项目和民生工程的实施。

2. 有力地保障了深圳城市发展的用地需求

以城市更新为例，其实施效果是多方面的：一是落实了公共设施用地，共有76所中小学、181所幼儿园、3家医院、143家社康中心、96个公交站、290万平方米保障性住房得以落实。二是保障了产业发展用地，60个拆除重建的产业升级项目及12个综合整治类旧工业区更新改造后提供了1317万平方米的产业用房及产业配套。三是供应了商品住房，城市更新供应商品房占全市房地产供应比例逐年递增。四是推动了特区一体化，67%的更新项目、77%的更新土地面积安排在原特区外。

3. 为全国城市土地二次开发提供了重要参考依据

深圳市属于高度城市化地区，其进行的改革探索，如以市场化方式推动旧城镇、旧厂房、旧村庄为主的“三旧”改造，土地征收补偿由按原用途补偿向公平补偿转变，对于国家完善土地制度，解决城市化进程中的资源约束难题，具有很大的参考价值。

（三）政策建议

1. 全面深化改革事项，争取更大的突破

一是以“发挥市场在资源配置中的决定性作用”为导向，探索扩大以市场化手段促进建设用地清退的覆盖范围，保障原农村集体土地权益，推动城市空间布局的合理化。二是加大土地增值收益分配、地价体系、生态空间权益等基础研究，诠释好“产权明晰、市场配置、利益共享”这一核心改革思路。

2. 注重总结提炼，推进成果转化

深圳的土地制度改革立足于高度城市化地区、土地全部国有、地方有部分立法权等特点，初步形成了自己的特色。建议下一步通过更多的实践探索，及时对改革成果进行总结，加强与部、省的上下联动，推动研究成果及试点经验向政策转化，在做好

政策储备的基础上加强制度供给，以创新解决深圳现实问题，为国家土地管理制度完善提供经验借鉴。

二、广西桂林：不断走向完善的留地安置政策

留地安置是指地方政府征地时，除了给予村民和村集体货币补偿外，按照征地面积的一定比例返还给村庄的建设用地，用于安置被征地农民。这种土地补偿方式，对于解决失地农民的长远生计发挥了重要作用，受到了广大农民的欢迎。

（一）主要做法

1. 根据留用地开发类型采取三种供地方式

一是对农村集体经济组织自行开发经营的，土地使用权以划拨方式供地，集体经济组织也可申请按出让方式供地；二是对以出租土地使用权方式由投资商开发经营的，土地使用权可采取划拨或协议出让方式供地；三是对农村集体经济组织以土地使用权作价入股与投资商合作开发经营的，供地主体可明确为农村集体经济组织和合作投资商，合作投资商分摊的土地使用权必须采取协议出让方式供地；农村集体经济组织分得的产权所分摊的土地使用权，可以选择划拨，也可以选择连同合作投资商的土地一同协议出让。

2. 留用地比例不高于征地总面积的10%，可以异地安排留用地

留用地选址坚持有利于经营、有利于管理、有利于发展的原则，征收农村集体土地前，先行征求被征地农村集体经济组织的选址意愿，并将预留用地和报批项目用地一并规划、一并报批。原则上预留用地应安排在报批项目用地或本农村集体经济组织区域范围内；根据城市经济社会发展需要，也可实行异地安排。留用地因公共利益被征收和开发利用，必须经被征地农村集体经济组织90%以上成员或90%以上被征地农民代表同意。

3. 留用地以集体持有为主，入股合作开发的，村集体应占25%以上产权

留用地主要用于被征地农村集体经济组织发展长远生计，未经市人民政府批准，出让、划拨的留用地不得直接用于商品住宅开发，集体经济组织也不得将留用地及其房屋产权按人口或户进行分割分配和转让。以土地使用权作价入股与投资商合作开发经营的，原则上应确保所建项目总产权面积的25%以上（兼容商业的，农村集体经济组织享有产权比例占总产权的1/3以上）分配给农村集体经济组织。农村集体经济组织选择整宗地全部公开出让的，出让土地上项目建成后，原农村集体经济组织对建成项目的房屋有一定回购权，即可在项目建成后1年内、按项目房屋销售备案价的80%向开发投资商回购项目产权面积25%以内的房屋。

4. 留用地建设项目可享受多项优惠政策

桂林市还对留用地规定了优惠措施：一是征地单位负责按照规划组织实施留用地

通水、通电、通路、平整土地“三通一平”费用；二是被征地集体经济组织在办理立项、规划、用地等手续时，免收市政建设配套费、基本建设项目教育附加费等市人民政府有权减免的费用；三是免收留用地建设项目的土地收益金。

（二）述评

“改革征地制度，提高农民在土地增值收益中的分配比例”是当前征地制度改革的重要内容。留用地作为法定征地安置补偿途径的补充，弥补了按照土地原用途一次性货币补偿方式存在的一些缺点，不但提高了征地补偿标准，还保障了被征地农民的长远生计。

1. 留用地是集体和个人分享土地增值收益的有效途径

建立兼顾国家、集体和个人的土地增值收益分配机制，首先要对征收转用农民集体土地产生的增值收益进行核算，由于整个过程涉及很多环节，核算起来较为烦琐，且测算结果难以让各方接受。将产生增值后的土地的一定比例返还给集体经济组织，这种实物分享方式更容易让农民理解和接受，且操作执行成本较低，不失为集体和个人分享土地增值收益的有效途径。

2. 有利于保障失地农民长远生计

村集体可以自己开发留用地发展集体企业，也可以通过招商引资吸引外来资本对留用地进行合作开发，两种方式都可以壮大集体资产和增加村民就业机会，拓宽集体成员收入渠道，从根本上解决失地农民的长远生计和就业难题，保障失地农民的根本利益。

（三）政策建议

1. 妥善解决留地安置历史欠账问题

地方对于留地安置政策的探索已久，受早期政策不完善的影响，存在留地安置有指标、没有具体选址或没有规划空间无法落地的问题，或者存在有选址，但村民对选址有异议、无法落地等问题。应抓紧分析不同问题的成因，尽快解决历史遗留问题，为完善留地安置政策创造条件。

2. 完善留用地开发利用协调机制

注重留用地与规划、项目建设的衔接，必要时可异地安排留用地，确保留用地能够及时开发利用并获得收益。保障土地供应与开发利用有效衔接，根据开发利用方式的不同采取不同的供地方式，保障集体经济组织可以根据自身财力和经营管理水平，选择合适的开发利用方式。

3. 保障被征地集体经济组织及农民的合法权益

在留用地面积、选址等方面充分听取被征地集体及其成员的意见，保障其知情权和参与权。同时，加强村集体资产管理能力建设，完善留用地开发利用集体决策机制，鼓励村集体成立专门负责集体土地运营的机构，主要负责留用地开发利用事宜，村民代表大会可成立村务监事会负责日常监督工作。

4. 突出留用地保障功能

鼓励对留用地用于能带来长远收益的开发项目，尽量避免一次性开发或将留用地变现。此外，在收益监管、优惠措施等方面也应尽快完善相关措施，确保留用地政策切实有效。

三、浙江义乌：农民住房财产权抵押贷款试点先行者

农民住房财产权抵押贷款，是指在不改变宅基地所有权性质的前提下，以农民住房所有权及所占宅基地使用权作为抵押，由银行业金融机构向符合条件的农民住房所有人发放的、在约定期限内还本付息的贷款。自2015年12月，成功发放全国“第一单”农民住房抵押贷款以来，截至2016年10月，义乌市共办理农民住房抵押42宗，抵押贷款共计5929万元，占全国同期农村住房抵押贷款总额的三分之一，农民住房财产权价值得到进一步体现。

（一）主要做法

1. 农民住房抵押贷款范围、条件

全市范围内依法持有宅基地使用权证书和住房所有权证书（或者农村住房不动产权证书）的权利人，可以采用农村住房抵押担保的方式申请贷款。逾期发生违约的，抵押物拍卖后，抵押人不得再向农村集体经济组织申请新的宅基地。此外，还需满足以下条件：一是农民住房共有人同意抵押，并在抵押权实现时依法处置抵押物；二是被抵押住房占用土地的所有权人同意宅基地使用权随住房抵押，并在抵押权实现时依法处置抵押物；三是抵押房屋处置后抵押人及其所抚养或扶养、赡养家属有安居之处（人均住房建筑面积不得少于15平方米）。

2. 农民住房价值确定和贷款用途限制

农民住房价值确定主要采取两种方式：一是借贷双方初步达成贷款意向后，由借款人委托贷款人认可的第三方房地产评估机构评估确认；二是对贷款金额较小的，一般掌握在50万元以内，可采取借贷双方协商确认或采用金融机构内部评估的方式确定。贷款优先用于农、林、牧、渔等农业生产经营，以及工商业、建筑业、电子商务、物流业、服务业等其他贷款人认可的合法用途。同时，明确禁止贷款用于有价证券、期货等投机经营活动和牟取非法借贷收入的行为。

3. 抵押权实现时抵押物可有多种处置方式

抵押人不能如约归还贷款，可以通过以下方式处置抵押物：一是抵押物由本村集体经济组织回购用于宅基地再分配（集体经济组织拥有优先购买权），所得款项用于偿还贷款；二是将宅基地进行复垦，形成“集地券”[1]，交易所得用于偿还贷款；三是完成

[1] 建设用地指标凭证，退出的宅基地通过工程技术措施复垦为耕地等农用地，经验收合格，折算为建设用地指标，由国土局发放“集地券”，集地券可公开交易。

农村更新改造的村庄，以抵押物折价或者以拍卖、变卖抵押物所得款项用于偿还贷款，抵押物处置时全市范围内的农村集体经济组织成员均有资格成为受让人。除此之外，还通过简化贷款办理程序、实行利率优惠等措施，促进农民住房抵押贷款工作的开展。

（二）评述

1. 农房抵押范围及抵押物处置范围都有所扩大

一是放宽了农房抵押范围。从已有试点探索来看，很多地方为保障农民“户有所居”，将唯一住房排除在住房抵押范围之外。义乌市根据自身实际，将“抵押后人均住房建筑面积不少于15平方米”作为借款人有长期稳定居住场所的保证，使“一户一宅”但住房面积较大的农户也可以抵押住房，这样既扩大了可抵押贷款的农房范围，使更多的农民从中受益，又坚守了农民“户有所居”的政策底线。二是扩大了抵押物处置范围。义乌市将抵押物处置范围放宽到全市集体经济组织成员之间，扩大了农民住房流转的需求群体，提高了农民住房财产权变现价值，也促进了抵押物处置。同时，在抵押物处置时赋予集体经济组织优先回购权，在一定程度上保障了村集体经济组织作为所有权人的利益。

2. 从试点情况来看仍有需要完善的地方

一是农房确权发证率低是抵押贷款最大掣肘，农民房屋确权推进较慢，“超标准占用”、“权属不清”等历史遗留问题处理难度较大，影响确权发证速度。二是抵押物处置仍是改革面临的最大挑战。农民以唯一住房抵押时，留足抵押人及其家属人均15平方米建筑面积的房屋，就可分割处置抵押物。目前，农民住房宗地尚未有分割登记先例，无论是法律还是技术上均存在盲区。三是农房抵押价值评估技术方法亟待完善，目前针对宅基地使用权和农民住房所有权价值尚未形成全国统一、客观科学、准确规范的评估标准。

（三）政策建议

通过前期的试点工作可以看出，要顺利推进农民住房抵押贷款工作，必须抓住三个关键环节，即“农房确权登记是基础、抵押物灵活处置是核心、价值科学评估是关键”。

1. 加快历史遗留问题解决、推进农房确权颁证

一是鼓励地方秉承“宜宽不宜严、宜松不宜紧”的原则，制订出台易识别、易操作、易接受的农房确权历史遗留问题处理办法，加快历史遗留问题解决速度。二是农民宅基地使用权和房屋所有权的确权比例低，与农房权益实现程度低、农民自身不重视有很大关系，应逐步提高农民住房财产权实现程度，激发农民确权积极性。同时，通过扩大宣传、简化程序、降低成本等途径，鼓励农民进行确权登记。

2. 拓宽抵押物处置途径和方式

一是试点宅基地跨集体流转政策，建议及时总结宅基地跨集体流转的实践经验，

适时将宅基地跨集体流转作为宅基地制度改革的重要内容，优先在东部沿海等条件具备的地区部署试点。二是支持探索宅基地上房屋分割处置办法，结合不动产登记单位的设定标准、方式及编码生成等问题，探索农房宗地分割登记、处置的相关操作规范，促进农民房屋分割抵押和流转。

3. 加强对农民住房评估的指导与监管

适时出台《农村宅基地使用权抵押评估指导意见》，引导试点地区培育从事农房价值评估的专业机构，构建专业评估机制，完善技术方法、管理控制等相关法律法规和业务准则，奠定农房抵押贷款的产权评估基础。

四、四川巴中：国土资源管理政策助推精准扶贫

巴中市是秦巴山片区区域发展与扶贫攻坚三大区域中心城市之一，所辖三县为国定贫困县、两区为省定贫困县（区）。巴中市国土资源系统坚持统筹谋划，发挥市场作用，以增减挂钩、土地整治、地灾避险搬迁三大项目为支撑平台，创新性地运用国土资源管理有力加快了脱贫攻坚进程。

（一）主要做法

1. 用活增减挂钩，解决“新居怎么建”的问题

巴中市立足其贫困面大、贫困程度深的区域实际和农村房屋分布分散、闲置浪费严重、宅基地腾退潜力足的资源特征，将增减挂钩作为“巴山新居”工程和易地扶贫搬迁的主要政策平台。空间布局上，兼顾贫困村与非贫困村，以699个贫困村为重点和基础，带动周边的行政村同步实施；在项目拆旧区，将易地扶贫搬迁户和随迁户同步纳入项目范围，使有意愿参与的群众都能享受政策补助，有效化解相互之间的攀比矛盾。

2. 做好土地整治，解决“产业怎么兴”的问题

通过土地整治，将拆旧宅基地和聚居点周边荒地、未利用地等整治复垦为耕地，配套田、水、路、林、村综合整治和旱改水、耕作层剥离、地力培肥等措施，为搬迁群众提供了良田。同时，吸引农民参与项目，在增减挂钩、土地整治等项目实施阶段，实行“以补代投、先建后奖、以奖代补、以补促建”等工程建设新模式，将农民可以承担的土地平整、农田水利建设、田间道路建设等工程，直接交给项目区农民群众自行组织实施，增加群众承包或务工收入。项目后期管护费、地力培肥费和调地费采取定额补助的形式直接拨付给承包地农民，包干使用。

3. 统筹避险搬迁，解决“人往哪儿搬”的问题

对受地质灾害隐患的建档立卡贫困户，优先纳入易地扶贫搬迁范围，搬迁群众享受易地扶贫搬迁补助，不再重复享受避险搬迁补助。同时，结合增减挂钩、土坯房改建、生态移民等项目，整合补助资金，搬迁群众平均补助较单一的避险搬迁补助金额

提高2～3倍。另外，坚持整村推进、应搬尽搬，紧密衔接土地利用总体规划，加强地质灾害防治危险性评估，科学选址聚居安置点，实现科学选址布局。

4. 发挥市场作用，解决“钱从哪儿来”的问题

通过公开招商，吸引社会资本实施增减挂钩和土地整治项目。同时，增减挂钩项目按“4+2”的模式进行实施，“4”即政府投资、招商引资、村民自筹、政府和社会资本合作（PPP）四种融资方式；“2”即单业主、双业主两种组织形式。并且，加强与成都市、攀枝花市联手在全省率先开展耕地占补平衡指标省内易地流转，规模达4.4万亩，共9.2亿元。

（二）述评

1. 成功运用国土资源管理政策助力扶贫搬迁

自2015年11月出台了《中共中央国务院关于打赢脱贫攻坚战的决定》后，各部委及地方政府积极行动，出台了一系列规划、政策、制度。2016年2月，国土资源部印发《关于用好用活增减挂钩政策积极支持扶贫开发及易地扶贫搬迁工作的通知》，允许将土地增减挂钩节余指标在省域范围内流转使用，大力支持易地扶贫搬迁工程建设。5月，四川省出台了《支持易地扶贫搬迁的有关政策》，在全省范围内集中力量打赢脱贫攻坚战。巴中市国土资源系统按照中央和四川省的要求，精心谋划，大力推进，将政策落到实处，实现精准扶贫、精准脱贫。

2. 落实新时期国土资源管理的三个职能定位

“尽职尽责保护国土资源、节约集约利用国土资源、尽心尽力维护群众权益”是国土资源管理新的职责定位，引领国土资源工作的创新发展。巴中市国土资源系统通过实施增减挂钩、土地整治、地灾避险搬迁三大项目叠加，新增了耕地资源，推进了基本农田建设，提高了土地质量等级，实现了“尽职尽责保护国土资源”；提高了建设用地资源节约集约水平，改变了土地利用粗放现状，实现了“节约集约利用国土资源”；吸纳当地村民参与项目实施与后期管护，提高了村民收益，助力了脱贫致富，实现了“尽心尽力维护群众权益”。

3. 统筹创新国土资源管理政策措施

结合巴中市当地居住地质灾害频发、生态环境脆弱的农村贫困人口，求真务实、统筹谋划，创造性地将增减挂钩、土地整治、地灾避险搬迁三类项目加以整合，拓宽了资金渠道、保障了用地需求、实现了避险搬迁，成功回答了新型城镇化“地从哪里来”、“钱从哪里筹”、“人往哪里去”的问题。

（三）政策建议

1. 探索建立指标跨省流转机制

加大国家统筹力度，对于在乌蒙山区、秦巴山区等革命老区、集中连片贫困地区内，允许增减挂钩指标和耕地占补平衡指标突破省域限制流转，对加强贫困地区的区

域合作、增强内部造血功能、实现共同发展意义重大。同时，建立东西部结对帮扶地区指标流转机制，实现资源互补、共同发展。

2. 更大力度统筹增减挂钩和易地扶贫搬迁

对集中连片特困地区，下达易地扶贫搬迁专项挂钩指标，以保障贫困地区易地扶贫搬迁工作需要。试行“先建新拆旧复垦，后立项验收”的管理方式，易地扶贫搬迁聚居区使用年度计划指标先行建设，在锁定相关现状的影像资料后开展拆旧复垦，待增减挂钩项目立项、验收时，将已拆旧复垦的易地扶贫搬迁地块纳入增减挂钩拆旧复垦地块核算，显化节余的建设用地指标。

3. 创新耕地占补平衡政策落实路径

对贫困地区流转指标耕地质量等别低于流入地的，按照《国土资源部关于补足耕地数量与提升耕地质量相结合落实耕地占补平衡的指导意见》相关规定，由指标流出地承诺在一定时期内利用指标流转收益在原增减挂钩或土地整治项目区再实施土地整治提质改造项目，通过熟化改良、培肥土壤等措施，确保耕地质量等别不低于指标流入地。

参考文献

方敏，周海东，王雪，等. 2015. 我国地勘单位野外地质工作后勤保障现状、问题与建议[J]. 中国矿业(7)：5-7，15.

冯春涛，郑娟尔. 2015.矿产资源开发的环境恢复治理激励机制设计[J]. 国土资源科技管理(1)：28-33.

高圣平. 2014.农地金融化的法律困境及出路[J]. 中国社会科学(8)：147-166，207-208.

高天明，于汶加，沈镭. 2015. 中国优势矿产资源管理政策新导向[J]. 资源科学(5)：908-914.

黄英. 2015. 农村土地流转若干问题研究[J]. 农业经济(6)：31-33.

季素萍，李涛. 2015. 土地流转推动农村经济发展：困境与对策[J]. 人民论坛(26)：80-82.

姜辉. 2015. 中国稀土出口管制的国际传导机制及效应研究[J]. 国际商务研究(1)：33-42.

卢为民. 2015. 城市土地用途管制制度的演变特征与趋势[J]. 城市发展研究(6)：83-88.

施俊法，齐亚彬，唐金荣，等. 2015. 关于推进国有地勘单位改革的思考[J]. 中国矿业(1)：71-74，82.

张洪涛，唐金荣，陈仁义. 2014. 初论矿产资源、资产、资本的综合管理[J]. 中国矿业(11)：45-51.

中国国土资源经济研究院，国土资源部资源环境承载力评价重点实验室. 2014. 面向生态文明的国土资源管理转型——国土资源经济形势分析与展望2014[M]. 北京：地质出版社.

中国国土资源经济研究院，国土资源部资源环境承载力评价重点实验室. 2015. 新常态下的国土资源改革发展——国土资源经济形势分析与展望2015[M]. 北京：地质出版社.

中国国土资源经济研究院，国土资源部资源环境承载力评价重点实验室. 2016. 服务转型升级的国土资源改革发展——“十二五”及2015年国土资源工作盘点与2016年及“十三五”形势展望[M]. 北京：地质出版社.

中国国土资源经济研究院形势分析小组. 2016. 三季度国土资源经济形势分析[R]. 国土资源经济参考.

中国国土资源经济研究院形势分析小组. 2016. 上半年国土资源经济形势分析[R]. 国土资源经济参考.

中国国土资源经济研究院形势分析小组. 2016. 一季度国土资源经济形势分析[R]. 国土资源经济参考.

后记

Postscript

2016年，国土资源工作以供给侧结构性改革为主线，坚持五大发展理念，加强能力建设，推进国土资源工作“十三五”实现良好开局。中国国土资源经济研究院密切跟踪国土资源形势变化和国土资源管理改革发展，深入开展了国土资源工作盘点和形势分析工作。在有关单位支持下，在以往工作的基础上，组织研究人员进行了快速综合研究，形成了《服务供给侧结构性改革的国土资源事业新发展——2016年国土资源工作盘点与2017年形势分析展望》，供国土资源管理决策参考。

本书共分工作盘点、形势分析、展望建议三大部分，同时结合年度工作特点，针对改革评述、热点分析开展了专题研究。具体分工为：工作盘点篇由杨德栋、强真、周海东、王春芳、曹端海、秦静、帅文波、杨景胜、张萌、张超宇、曾凌云执笔，朱清统稿；形势分析篇由荣冬梅、马朋林、谭文兵、马茁卉、苏轶娜、黄贤营执笔，余良晖统稿；展望建议篇由参与编写人员按分工提供建议，高兵统稿；前言摘要由张维宸、邓锋执笔。专题一由张所续、汪冰执笔。专题二由刘伯恩、岳永兵执笔。邓锋负责总报告统稿。张新安、贾文龙负责整个研究策划及总纂工作。

报告编写过程中，得到了相关单位的大力支持，吸收了相关方面的一些重要研究成果，同时征求了系统内外专家的意见，在此一并致谢。由于受资料和水平所限，研究成果难免有错漏不当之处，敬请领导和专家批评指正，以便我们在今后工作中修改完善。

中国国土资源经济研究院形势分析研究组

二〇一七年二月